厦门大学百年校庆系列出版物 · 编委会

主　任：张　彦　张　荣
副主任：邓朝晖　李建发　叶世满　邱伟杰
委　员：（按姓氏笔画排序）

　　　　王瑞芳　邓朝晖　石慧霞　叶世满　白锡能　朱水涌
　　　　江云宝　孙　理　李建发　李智勇　杨　斌　吴立武
　　　　邱伟杰　张　荣　张　彦　张建霖　陈　光　陈支平
　　　　林　辉　郑文礼　钞晓鸿　洪峻峰　徐进功　蒋东明
　　　　韩家淮　赖虹凯　谭绍滨　黎永强　戴　岩

学术总协调人：陈支平
百年校史编纂组　组长：陈支平
百年院系史编纂组　组长：朱水涌
百年组织机构史编纂组　组长：白锡能
百年精神文化系列编纂组　组长：蒋东明
百年学术论著选刊编纂组　组长：洪峻峰
校史资料汇编（第十辑）与学生名录编纂组　组长：石慧霞

厦门大学百年校庆系列出版物

百年精神文化系列

我的厦大辅导员

赖虹凯　徐进功　主编

图书在版编目(CIP)数据

我的厦大辅导员 / 赖虹凯,徐进功主编. -- 厦门：厦门大学出版社,2022.11
(百年精神文化系列)
ISBN 978-7-5615-8454-5

Ⅰ.①我… Ⅱ.①赖… ②徐… Ⅲ.①高等学校-辅导员-工作-厦门-文集 Ⅳ.①G645.18-53

中国版本图书馆CIP数据核字(2021)第269105号

出 版 人	郑文礼
策划编辑	蒋东明
责任编辑	廖婉瑜
美术编辑	蒋卓群　蔡炜荣
技术编辑	朱　楷
出版发行	厦门大学出版社
社　　址	厦门市软件园二期望海路39号
邮政编码	361008
总　　机	0592-2181111　0592-2181406(传真)
营销中心	0592-2184458　0592-2181365
网　　址	http://www.xmupress.com
邮　　箱	xmup@xmupress.com
印　　刷	厦门集大印刷有限公司
开本	720 mm×1 000 mm　1/16
印张	13.5
插页	2
字数	200千字
版次	2022年11月第1版
印次	2022年11月第1次印刷
定价	56.00元

本书如有印装质量问题请直接寄承印厂调换

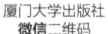
厦门大学出版社
微信二维码

厦门大学出版社
微博二维码

本书编委会

主　编：赖虹凯　徐进功
副主编：李　峰
编　委：许美霞　陈泗林　袁国柱　王志煌　郑　音　谢丹琳
　　　　谢婷婷　林婧敏

总　序

厦门大学 | 党委书记　张　彦
　　　　　 校　　长　张　荣

2021年4月6日，厦门大学百年华诞。百载风雨，十秩辉煌，这是厦门大学发展的里程碑，继往开来的新起点。全校师生员工和海内外校友满怀深情地期盼这一荣耀时刻的到来。

为迎接百年校庆，学校在三年前就启动了"百年校庆系列出版工程"的筹备工作，专门成立"厦门大学百年校庆系列出版物编委会"，加强领导，统一部署。各院系、部门通力合作，众多专家学者和相关单位的工作人员全身心地参与到这项工作之中。同志们满怀高度的责任感和紧迫感，以"提升质量，确保进度，打造精品"为目标，争分夺秒，全力以赴，使这项出版工程得以快速顺利地进行。在这个重要的历史时刻，总结厦大百年奋斗历史，阐扬百年厦大"四种精神"，抒写厦大为伟大祖国所做出的突出贡献，激发厦大人的自豪感和使命感，无疑是献给百岁厦大最好的生日礼物。

"百年校庆系列出版工程"包括组织编撰百年校史、百年组织机构史、百年院系史、百年精神文化、百年学术论著选刊、校史资料与学生名录……有多个系列近150种图书将与广大读者见面。从图书规模、涉及领域、参编人员等角度看，此项出版工程极为浩大。这些出版物的问世，将为学校留下大量珍贵的历史资料，为学校深入开展校史教育提供丰富生动的素材，也将为弘扬厦门大学"自强不息，止于至善"校训精神注入时代的新鲜血液，帮助人们透过"中国最美大学校园"

的山海空间和历史回响，更加清晰地理解厦门大学在中国发展进程中发挥的独特作用、扮演的重要角色，领略"南方之强"的文化与精神魅力。

百年校庆系列出版物将多方呈现百年厦大的精彩历史画卷。这些凝聚全校师生员工心血的出版物，让我们感受到厦大人弦歌不辍的精神风貌。图文并茂的《厦门大学百年校史》，穿越历史长廊，带领我们聆听厦大不平凡百年岁月的历史足音。《为吾国放一异彩——厦门大学与伟大祖国》浓墨重彩地记述厦门大学与全国34个省级行政区以及福建省九市一区一县血浓于水的校地情缘，从中可以读出厦门大学在中华民族伟大复兴征程中留下的深深烙印。参与面最广的"厦门大学百年院系史系列"、《厦门大学百年组织机构史》，共有30多个学院和直属单位参与编写，通过对厦门大学各学院和组织机构发展脉络、演变轨迹的细致梳理，深入介绍厦门大学的党建工作、学科建设、人才培养、组织管理、社会服务等方面的发展历程，展示办学成就，彰显办学特色。《厦门大学校史资料选编（1992—2017）》和《南强之星——厦门大学学生名录（2010—2019）》，连同已经出版的同类史料，将较完整、翔实地展现学校发展轨迹，记录下每位厦大学子的荣耀。"厦门大学百年精神文化系列"涵盖人物传记和校园风采两大主题，其中《陈嘉庚传》在搜集大量史料的基础上，以时代精神和崭新视角，生动展现了校主陈嘉庚先生的丰功伟绩。此次推出《林文庆传》《萨本栋传》《汪德耀传》《王亚南传》四部厦门大学老校长传记，是对他们为厦大发展所做出的突出贡献的深切缅怀。厦大校友、红军会计制度创始人、中国共产党金融事业奠基人之一高捷成的传记《我的祖父高捷成》，则是首次全面地介绍这位为中国人民解放事业做出杰出贡献的烈士的事迹。新版《陈景润传》，把这位"最美奋斗者"、"感动中国人物"、令厦大人骄傲的杰出校友、世界著名数学家不平凡的人生再次展现在我们眼前。抒写校园风采的《厦门大学百年建筑》《厦门大学餐饮百年》《建南大舞台》《芙蓉园里尽芳菲》《我的厦大老师》（百年华诞纪念专辑）、《创新创业厦大人2》、

《志愿之光》、《让建南钟声传响大山深处》、《我的厦大范儿》以及潘维廉的《我在厦大三十年》等,都从不同的角度,引领我们去品读厦门大学的真正内涵,感受厦门大学浓郁的人文精神和科学精神。

此次出版的"厦门大学百年学术论著选刊",由专家学者精选,重刊一批厦大已故著名学者在校工作期间完成的、具有重要价值的学术论著(包括讲义、未刊印的论著稿本等),目的在于反映和宣传厦门大学百年来的学术成就和贡献,挖掘百年来厦门大学丰厚的历史积淀和传统资源,展示厦门大学的学术底蕴,重建"厦大学派",为学校"双一流"建设提供学术传统的支撑。学校将把这项工作列入长期规划,在百年校庆时出版第一辑共40种,今后还将陆续出版。

"自强!自强!学海何洋洋!"100年前,陈嘉庚先生于民族危难之际,抱着"教育为立国之本,兴学乃国民天职"的信念,创办了厦门大学这所中国历史上第一所由华侨独资建设的大学。100年来,厦大人秉承"研究高深学术,养成专门人才,阐扬世界文化"的办学宗旨,在实现中华民族伟大复兴的征程上书写自己的精彩篇章。我们相信,当百年校庆的欢庆浪潮归于平静时,这些出版物将会是一串串熠熠生辉的耀眼珍珠,成为记录厦门大学百年奋斗之旅的永恒坐标,成为流淌在人们心中的美好记忆,并将不断激励我们不忘初心继承传统,牢记使命乘风破浪,向着中国特色世界一流大学目标奋勇前行!

张彦 张荣

2020年12月

编者说明

高校立身之本在于立德树人。当今时代，我们比以往任何一个时刻都更迫切地需要人才，对高等教育的要求和希望更是比以往更强烈。厦门大学自创校以来就有着"世界之大学"的办学目标，倡导培育"伟大人格之人"，重视学生的思想政治教育，逐渐建立起一支政治素养高、思想境界深、工作能力强的辅导员工作队伍。

"师者，所以传道授业解惑也。"厦大辅导员群体始终牢记"为党育人、为国育才"的初心使命，奋斗在学生思想政治教育的一线，向学生传授处事之道，解生活之难，答心灵之惑，明一生之路，引导学生"志存高远，行循自然"，成为积极向上、精神明亮的人，为社会源源不断地输送人才。如果说《我的厦大辅导员》是一册学子的回忆录，那么它同样也是一卷厦大辅导员的工作记录。它是一代又一代厦大辅导员兢兢业业、甘于奉献的工作缩影，体现了一代又一代厦大人对"自强不息，止于至善"校训精神的传承。站在厦门大学迈进新百年的起点，在学校进一步迈向全面建设双一流大学的新征程中，我们希望借出版《我的厦大辅导员》的契机，回首过去，展望未来。希望在展现历代辅导员学生工作风采的同时,我们可以让读者从中借鉴优秀的思想政治教育方法和经验,推进我校党建和思想政治工作在新时代续写新篇章。

《我的厦大辅导员》征稿启事发布后,收获了来自在校师生群体、海内外及社会各界校友的关心帮助和踊跃投稿,我们欣喜于可爱的在校生们在校园中健康成长,也欣慰于众多校友在各自工作领域捷报频传,同时更为我们培育出一代代重情义、有情怀的厦大人而感到自豪。书中展现的厦大辅导员,既有老一辈的年长辅导员,也有工作实绩突出的年轻辅导员,其中不少是获评市级以上荣誉的优秀辅导员。我们希望通过他们的鲜活事迹,折射出辅导员群体的精神面貌,彰显他们的担当、责任与奉献。由于书稿篇幅所限,恕我们无法将全部来稿呈现给各位读者,只能筛选出其中部分汇编成集,望各位投稿人及读者谅解。

作为厦门大学百年校庆系列出版物之一,本书在编写过程中得到了时任厦门大学党委书记张彦、校长张荣的大力支持与悉心关怀。本书在编写过程中也得到了高校思想政治工作队伍培训研修中心(厦门大学)的支持帮助。在此,我们对所有为本书付出辛勤努力的单位及各界人士表示衷心的感谢。由于水平有限,本书难免存在不足之处,欢迎广大读者提出宝贵意见和建议。

《我的厦大辅导员》编委会
2022年4月

目　录

第一篇　绿叶对根的情意

忆我与辅导员的二三事
　　——记我的辅导员黄如彬老师　　　　　　　　/ 3

同是追梦人
　　——记我的辅导员陈迅蕾老师　　　　　　　　/ 6

师恩永难忘　温暖满心间
　　——记我的两位辅导员　　　　　　　　　　　/ 11

令公桃李满天下　何用堂前更种花
　　——记张志鹏老师、赖虹凯老师　　　　　　　/ 19

为师之道：润物细无声
　　——记我的辅导员廖志丹老师　　　　　　　　/ 25

念温馨如你　有行者如斯
　　——记我的辅导员聂鑫老师　　　　　　　　　/ 31

我的厦园八年"导师"
　　——记我的辅导员沈丽秀老师　　　　　　　　/ 36

你的经历，我的回忆
　　——记我的辅导员毛毛老师　　　　　　　　　/ 40

南强最美是师恩
　　——记我的辅导员杨玲老师　　　　　　　　　/ 45

"太阳底下最美丽的事业"
　　——记我的辅导员高斌老师　　　　　　　　　/ 50

厦园的守望者
——记我的辅导员唐腾凤老师 /54

落花有情 化泥无声
——记我的辅导员蔡虎堂老师 /59

不负韶华，未来可期
——记我的辅导员乐无羔老师 /64

有一种信仰叫辅导员的坚守
——记我的辅导员蒋慧琼老师 /69

丹心热血沃新花
——记我的辅导员郑晖阁老师 /76

知心兄弟
——记我的辅导员黄木河老师 /82

忆南强 话吾师
——记我的辅导员赵小姝老师 /88

亦师亦友，指路明灯
——记我的辅导员揭上锋老师 /94

为强军梦锻造优质钢
——记我的辅导员黄艺明老师 /98

幸好有你
——记我的辅导员刘涛老师 /102

第二篇 大学因你而精彩

一路有你
——记我的辅导员谭超老师 /109

破冰·扬帆·启航
　　——记我的三位辅导员　　　　　　　　　/ 113

育人"多面体"
　　——记我的辅导员沈鑫老师　　　　　　　/ 121

"超级佳蓓"
　　——记我的辅导员吴佳蓓老师　　　　　　/ 125

谁是最可爱的人
　　——记我的辅导员苏毅辉老师　　　　　　/ 130

问道
　　——记我的辅导员林婕老师　　　　　　　/ 135

湛蓝风华，重重如画
　　——记我的多位辅导员　　　　　　　　　/ 140

良师·益友·家人
　　——记我的辅导员杨璐老师　　　　　　　/ 144

最美的遇见，最好的开端
　　——记我的辅导员贾君老师　　　　　　　/ 149

你陪伴我们，似暗空星火
　　——记电子科学与技术学院
　　　辅导员严威老师　　　　　　　　　　　/ 154

我行其野，芃芃其麦
　　——记我的辅导员谢芃老师　　　　　　　/ 162

第三篇　长大后我就成了你

人生引路人
　　——记我的辅导员王洁松老师　　　　　　　　　/ 169

长大后，我就成了你
　　——记我的辅导员许美霞老师　　　　　　　　/ 175

心中有阳光，脚下有力量
　　——记我的三位辅导员　　　　　　　　　　　/ 182

"柳哥"
　　——记我的辅导员陈向柳老师　　　　　　　　/ 188

人生路　导员筑
　　——记我的辅导员曹璐老师　　　　　　　　　/ 193

暖男"磊哥"
　　——记我的辅导员蔡振磊老师　　　　　　　　/ 198

第一篇

绿叶对根的情意

忆我与辅导员的二三事
——记我的辅导员黄如彬老师

◎ 杨家淳

◎ **人物名片：**

黄如彬，男，中共党员。毕业于厦门大学化学系分析化学专业。毕业后留校工作，曾任化学系1978级学生辅导员、学生党支书、研究生党支书和系党总支秘书；化学系党总支副书记、书记；厦大党委办公室主任、学校办公室主任、机关第一党总支书记、校党委党校副校长；厦大校长助理，厦大漳州校区建设指挥部副总指挥，漳州校区管委会主任、党工委书记；福建省仰恩大学党委书记。现任厦大关心下一代工作委员会顾问。

黄如彬

"黄老师，我走了……"

"好！家淳，即将参加工作了，好好干！你们都走了，留下我一个人了……"

1982 年 7 月的那一天，我毕业了。离校之际，我去老化学馆（即建南楼群中的南安楼）二楼的系办公室向敬爱的黄如彬老师告别，我带着千般的留恋与不舍，很多话想讲，但千言万语，只讲出了一句。而敬爱的黄老师，送我到楼下，也就留下这句话，声音里充满哽咽……

那年入学，我仅 17 岁，是一个从未走出过县界的山区小孩。在厦门大学和黄老师的关怀下，学到了多少知识和得到了多少温馨！

记得刚入校不久，黄老师走进我们芙蓉一的宿舍，给我们讲了好多好多的事，让我们开阔了眼界，打开了心扉，了解了世事。临走时他特地跟我说："多向大哥哥和大姐姐们学习，学会生活，学好本领。将来做一个对社会有用的人！"这些话给了我莫大的鼓舞和激励。

记得有一次，我在宿舍做一道分析化学作业题，难解。刚好来学生宿舍走访的黄老师从原理到题意，从切题到关键点，耐心引导我理解并顺利解答这道难题。我心里别提有多激动了。

还有，1979 年正值我国对越自卫反击战，系里发动各团支部给前线部队和战斗英雄写慰问信。我代表 7807（化学 1978 级同学信箱号码）四班团支部写的一封给战斗英雄岩龙母亲的慰问信，得到黄老师的肯定，黄老师在芙蓉一学生宿舍后面的学生食堂召开的全年级学生大会上宣读这封信，给了我极大的鼓励。

我们毕业已近 40 年，黄老师多次应邀参加我们同学聚会，除了了解和关心我们的工作、家庭外，还经常给我们讲学校的变化，使我们都对母校充满强烈的归属感。

感恩黄老师！祝福黄老师！

作者简介：杨家淳，厦门大学化学系1978级四班本科生，曾任武平县科技试验站科技员、连城县百花化学股份有限公司副总经理，现与他人合伙创办漳州佳联化工有限公司，任公司副总裁。

同是追梦人
——记我的辅导员陈迅蕾老师

◎ 张志杰

◎ **人物名片：**

陈迅蕾，女，中共党员。1977年至1980年就读于厦门大学化学系分析化学专业，1980年至1984年任厦门大学化学系1980级辅导员。后于1985年辞职离开厦门大学，现移民至新西兰。

陈迅蕾

看到征稿的题目"我的厦大辅导员"，我不禁一乐，怎么那么像中小学生的命题记叙文"我最敬佩的一个人"之类，也不禁想起在厦大上学时每学期末必须做的自我鉴定、班级鉴定、辅导员鉴定等。

1980年9月凤凰花开时节,我们踏入美丽的厦门大学校园,成为厦大化学系的新生,之后我们就有了一个族群名"厦大化学系1980级"。时光荏苒,转眼间40年的光阴已流逝,想当初入学半年我们就迎来了厦大60年校庆,如今为厦大百年华诞投稿说说我们的辅导员。穿越时空钩沉往事,几多遗忘几多弥新? 或许难忘的自难忘,遗忘的非难忘,而诉诸文字这种不完整的容器,盛得下的只能是岁月清洗过的亮彩。

古人云:"十年修得同船渡。"我们踏上"厦大化学系1980级"这条人生航船时都是些十几岁的少年,最小的才15岁,在"十年寒窗"里修得同船渡,而辅导员是个什么样的存在? 应该就是管我们的咯,还一管就是一个年级,我们的辅导员是个刚毕业的女生,比我们大不了几岁,形象端庄、模样靓丽、气质高雅……符合"如果想有个姐姐,这个就很好!"的期望,这个姐姐范儿的树立始于她贴心地为乘坐了几十个小时火车赶来报到的同学预备的一桶桶洗澡水。因为很快他们就将体验当年厦大缺水的窘境,从而明白这一桶桶水的暖心。

1980级的同学都知道,辅导员陈老师有一个小本本,里面大有乾坤,记录着全年级一百五十几个同学在学习生活中的点点滴滴。 诸如:谁谁赖被窝不出早操;谁谁上政治课穿拖鞋;谁谁因肚子饿逃第四节课;某某同学放假回家趴窝,超假回校;梅雨天阴冷湿度大,有几个同学重感冒住院了,让人揪心;某某同学没吃早饭去上实验课,低血糖晕倒,这种情况不能再发生;助学金的评定,哪几个同学家境困难需要多关照;期中期末考成绩单分析,某某同学进步了要表扬,某某同学退步了要帮助找原因;几个外语成绩好的同学,自行加强英语听力练习,私接电源违反晚熄灯纪律要批评;中国女排第一次夺冠,是谁点燃了扫把当火把庆祝,又是谁砸了汽水瓶搞声响;哪几个同学特别喜欢踢足球,还是系队主力,且打赢了

×× 系队；物化班办舞会还邀请分析班的女生参加，该不该提倡；有哪些同学喜欢唱歌、听音乐，校园歌曲很流行，校电台播放德沃夏克的《自新大陆》交响曲；哪几个同学倡议成立文学社，编辑了刊物《芙蓉》，要当好顾问；哪些同学喜欢背诵舒婷的《致橡树》，要引导他们树立美好正确的爱情观；有几对违反校规谈恋爱的，很棘手的问题……陈老师骑着她的红色"宝马"（自行车）穿梭往来于丰庭二、芙蓉一的身影令我记忆犹新。想来一百五十几个小弟小妹的姐姐没那么好当的，对于同学们的小毛病，她大都板子高高举起、轻轻落下，原本也不是什么重大原则问题嘛。能够进入厦门大学化学系这样的重点大学"王牌"系的我们大都自以为是"天之骄子"，踏着"光荣属于八十年代的新一辈"的歌声进校，又身处改革开放前沿的经济特区，思想开放、前程似锦，人生的梦想更加丰富多彩，陈老师对各式各样的梦想保持充分的理解、尊重和呵护，彻底赢得了1980级的心，都把她看成追求梦想的同行人，不知何时起，当面还称陈老师，私底下直接称呼她"老陈"了。

陈老师年长于我们，高中毕业后下过乡，大学毕业后就当1980级的辅导员，她经历更加丰富也更加成熟，当姐姐的当然更能理解并呵护小弟小妹的梦想，然而她也身处时代大潮中，她的人生梦想呢？小弟小妹们貌似没有太过关心的义务，谁叫她是大姐头哦。直到我们毕业的前一年，传来消息陈老师结婚了，"姐姐嫁人了，我们有姐夫了"。有杞人忧天者就担心，她要是当妈妈了，还会这么爱着我们，呵护着我们吗？有胆儿肥者，惶惶然说出心中的担忧，得到一个承诺"你们毕业前，全心全意做你们的姐姐"。我们毕业之后，陈老师没有再带学生，就这样我们成了老陈的"独子生"，我们的大学四年打上了陈老师深深的烙印，而她的辅导员生涯也是和我们一同度过的。

毕业了，同学们初步实现的人生梦想也是多彩多姿：有考上中美化学研究生项目（CGP）出国深造的，有继续攻读研究生的，有准备自费留学的，有分配到院校研究所的，有分配到化工厂大国企的，有分配到机关事业单位的，有拿到组织部储备干部名额的，等等。 而大学这四年多彩多姿的追梦年华，一曲"Beautiful Dreamer"（《美丽的梦神》）成为大家共同的记忆定格。 那是毕业前陈老师接下的参加全校歌咏比赛的任务，以1980级为主组成系合唱队，选曲《浏阳河》和"Beautiful Dreamer"无伴奏合唱，艺术性强但演唱难度高，"理科生能否完成这么高难度的合唱表演"的质疑不断。 陈老师从最基本的发声技巧教起，告诉我们什么是腹腔共鸣、胸腔共鸣、鼻腔共鸣；怎么分声部，怎么感情饱满。 旧化学馆南安

厦大化学系1980级合唱比赛照片

楼的梯形教室成了"美丽的梦神为我醒来"的追梦场。 正式歌咏大赛在建南大会堂举行，我们追梦的情怀折服了所有的声乐评委，前所未有地为化学系捧回了一等奖。

我们毕业后，陈老师也离开学校，投身改革开放的大潮中，到厦门经

济特区当时最大规模的中外合资企业追寻新的人生梦想。20世纪80年代还没有移动电话、BB机、QQ和微信，固定电话都还算稀罕的，主要的通信手段是写信，同学们天南地北地继续追梦的脚步，都忙于成家立业，相互间的联系逐渐减弱。还是陈老师，将1980级的同学们一个个地重聚在一起。2000年金秋十月我们在厦大重新聚首，经过改革开放大潮洗礼的追梦人有教授、高工、处长、总裁、CTO、CEO……也带来了下一代，陈老师荣升"老陈姨妈"，但她还是我们"永远的朋友，永远的老师"和追梦同道人。

之后，"厦大化学系1980级"一族在北京、南京、西安、大理，又聚会啦。2014年9月13日至14日再回母校庆祝毕业30周年，为感谢母校的养育之恩，捐款设立"1980级化学系校友奖学金"，2014年9月13日至14日——爱您一世就一生一世！老陈说："当你知道，你的生命已经与另一些可爱的生命发生了不能改变的联系，心里是多么地踏实和满足。"

作者简介：张志杰，男，1980—1984年就读于厦门大学化学系，1984—1987年曾任厦门大学化学系科研人员，1987—1991年于厦门大学化学系进行研究生学习，现任厦门市领航科技有限公司副总经理。

师恩永难忘 温暖满心间
——记我的两位辅导员

◎ 赵丽芳

◎ **人物名片：**

赖虹凯，男，中共党员。现任厦门大学关工委常务副主任、校友总会副理事长。1982年毕业于厦门大学光电子学专业，长期从事光学、应用光学和光电子学等领域的科研与教学工作及激光全息显示和光学图像信息处理的应用开发，承担和参加多项教育部、福建省及国际合作科研项目，曾获教育部科技进步奖二等奖等。2003年至2007年任厦门大学物理与机电工程学院党委书记；2008年至2020年先后任厦门大学副校长、厦门大学纪委书记、厦门大学党委副书记。

赖虹凯老师（后排左四）和本文作者赵丽芬（前排右一）等于1986年6月摄于上弦场

蒋东明，男，中共党员。编审。1957年11月生于厦门，祖籍福建泉州。1982年毕业于厦门大学物理系，后留校担任辅导员。1987年入职厦门大学出版社，1999年至2017年任厦门大学出版社社长。曾任中国大学出版协会常务理事，福建省出版工作者协会副会长，曾获"中国高校出版人物奖"、"福建省新闻出版系统先进工作者"、"厦门大学优秀共产党员"、福建省宣传文化系统第一批"四个一批"人才、"2016厦门市文化产业年度风云人物奖"。发表论文50余篇，出版专著（含合著）4部。现为厦门市出版物发行业协会会长、厦门大学书画研究会会长。

1986年3月蒋东明老师（右二）和学生们一起骑车环岛游

一、"拉"我进厦大的老师：赖虹凯

1982年，我在填报大学志愿时，因自己没有经验，结果第一志愿没被录取。当时，厦门大学在北方还没有现在这么高的知名度，报考的人也少。来河北招生的厦大赖虹凯老师恰好看见了我的高考档案，就给我发电报，说厦大物理系有意向录取我，问我是否愿意。因为不知道厦门在哪里，我很犹豫。我中学的英语老师宋老师，是一个时髦可爱的北京人，跟我讲了到远方上学的若干好处，我动心了，回复说愿意。这样赖老师"拉"、宋老师"推"，我就有幸成了厦大的一名学生。如果没有赖老师，我可能就错过与厦大结缘的美好岁月。

这是赖老师工作后第一次参加招生，虽然他是物理1981级辅导员，但他对自己招来的我们1982级物理专业5名河北籍学生格外关注，见面总是关心地询问有没有困难。他关心我们的学习、生活，更关心我们的进步与成长。当时厦大党章学习气氛很活跃，我和大多数同学一样也积极参加各项活动，成绩还不错，但我一直没有勇气写入党申请书。赖老师还找我问原因，给我做思想工作，说入党可以使人更严格地要求自己，更快进步。其实当时我听说党员要经常开会学政治，而我的政治课成绩一直不太好，有点儿为难，但我不敢说。老师问时，我总是支支吾吾地说自己做得不够好，还需努力。后来赖老师多次鼓励，我才写了入党申请书，很快就被列为积极分子，大四光荣地成为一名预备党员。我们年级共9人入党，河北籍有2人，赖老师一直引为自豪。

2004年，物理1982级同学聚会时，赖老师作为当时物理机电学院的书记来参加我们的聚会，还一一叫出我们五个人的名字，并特别指出我是他"拉"来厦大的。我们五人对赖老师也有一种割舍不下的情感，2011年7月赖老师作为校领导来石家庄参加厦门大学河北校友会的成立大会，我们等他一直等到深夜。顾不得刚下飞机的老师旅途劳累，大家畅谈、叙旧，一如在学校时，后来组织者多次催促，我们才肯离开。2012年10月，我们回校参加1982级入学30年聚会，恰逢母校翔安校区迎接第一批新生，赖老师亲自带领我们参观校园，包括教学楼、学生宿舍等，并为我们介绍翔安校区的未来规划。看着依然帅气、热情的老师，刹那间，我感觉，仿佛时间穿越回1982年。后来1982级河北同学和赖老师建了微

信群,学校有什么重大、新鲜的事,赖老师也会第一时间推送,让在千里之外的我们时刻感受母校一个个可喜可贺的变化。

感谢赖老师,他让我成为厦大学子,在美丽的厦门度过了四年难忘的时光。

二、兄长般的辅导员:蒋东明

1982年9月,我从河北来到厦门。从没出过远门的我,一个人坐了30多个小时的火车,从北跑到南,当时心情除了兴奋更多的是忐忑。我从火车站出来找到接站的校车,第一眼看到的就是蒋老师。他给我的第一印象是温文尔雅,一开口便让人感到很亲切、很温暖。这种感觉一直持续到今天。

大学毕业就当辅导员对蒋老师是一个挑战。他用自己的真诚和热情,赢得了同学们的信任和敬仰,和我们的关系亦师亦友。

蒋老师是个做事很用心的人,刚开学没几天他就对我说,抽时间把到大学的感受或发现的新鲜事写出来,可以向校电台投稿。我很诧异,他笑了笑说:"我看了你的中学老师给你写的评语。"后来才知道,在我们入校前,蒋老师认真阅读、整理了100个新生的资料,并用自己设计的表格进行逐一摘录,对于我们100个同学的地域、家庭情况、个人特长等,他已熟记于心。

蒋老师虽然是学物理的,但他的文史哲知识十分丰富。我们这届首次开设"思想道德修养"这门课,蒋老师为我们量身定制课程内容,开启了少男少女的心灵。他组织我们几个喜欢写作的同学创建了1982级物理的年段刊物《百花园》,让我们的四年大学生活留下了许多美好的回忆。

开学初,他和大家一起跑步、做早操。节假日,他组织班级或年段的文体活动，带领我们爬山、骑车环岛游，还联系厦门的两家工厂，让我们去体验生活、接触社会。记忆犹新的是，当时为开挖现在被大家称赞的芙蓉湖，他带领我们年段的 100 位同学义务劳动了一周。

他倾情组织了我们年段"毕业纪念册"的设计和制作。纪念册上每个同学一页，介绍了大家的基本情况和分配的工作单位，空白处是毕业时的相互留言。更有纪念意义的是，纪念册设计了一个列表，让每个人写出自己崇拜的人物、喜欢的格言、理想的对象和职业、美妙的梦，甚至喜欢的花草和动物等。现在每每读来，趣味无穷。纪念册不仅列举了我们学过的课程、任课的老师，更记录了四年里发生的大事小事。毕业 30 多年，每次翻开，看到一张张青春焕发的笑脸，一页页或深情或诙谐的留言，我都禁不住双眼含泪。凡是看过这本纪念册的朋友无不羡慕。1986 年离别学校之际，他组织几个有文艺特长的同学创作了我们的年段之歌《再见吧，亲爱的母校——厦大》，"凤凰花开的时候，我们相聚在南国海隅，将青春播在物理田地……"，深情的词曲，凝聚着我们多少不舍，多少依恋。

1986 届物理系年段之歌《再见吧，亲爱的母校——厦大》

我们这一代学生很幸运，辅导员老师都住在学生宿舍。四年里，我和蒋老师有过多次的交谈，不管是学习、生活上的困难，还是个人不开心、闹情绪，我总是找蒋老师寻求帮助。他每次都很耐心地听我说，从没有嫌弃过小女生式的啰唆和婆婆妈妈。蒋老师开导人从来都是慢声细语，即便是我错了，也没有严厉过，而是旁征博引地讲道理让我心服口服。一开始，他住在芙蓉五男生宿舍，学生们找他很方便。后来他结婚搬到勤业楼，我们有事了还是去找他。他的夫人贤惠、端庄、大方。我每次去，她都热情接待。有时蒋老师不在，她也和我聊天。记得有一次，我心情不好，晚自习看不进书，就又跑去老师家倾吐烦恼。蒋老师边听边开导，不知过了多长时间，一直到我没话说，感觉应该是比较晚了。他的夫人给我拿零食，倒水，然后一直默默地坐在床上织毛衣。当时我没觉得有什么不妥，等我结婚有了自己的小家，突然想起这件事，才知道我这学生多不懂事，他们刚新婚没多久啊。

对我而言，蒋老师是良师，无论学习、工作、生活，我都从他那里学到了很多，受益匪浅。蒋老师更像兄长，让我离家千里不觉孤单，让我四年的大学生活充满了温馨。

记得在和蒋老师的交谈中，他一直强调大学要做两件事——做人和求知。做人要先立德，为人要诚；求知不限于专业知识，还要多方面充实自己，提高自身修养。四年里蒋老师向我推荐了许多的好书，而且我晨跑总能在校园碰到正在跑步的蒋老师。"读书和运动是值得一生坚持的事"，这一理念就是蒋老师对我的影响。

我毕业后还和蒋老师保持了十多年的通信，同样地，将自己新的困惑求助于蒋老师，他一直给予我指导和帮助。到厦大出版社工作后，蒋老师工作越来越忙，但每封信他都抽时间回。写这篇文章前，我拿出订成一册的老师来信一封封品读，心里是满满的感动和幸福！

蒋老师带领我们100名学生，打造了一个充满激情与活力的班级。毕业30多年来，这个班级仍然温暖如初，我们有一个温馨的精神家园——永远的"8206"。2020年国庆中秋双节同至，与1982年我们入学那年一样，大家在班级微信群"凤凰树下"纷纷留言，回忆当年一起过双节的美好场景。蒋老师还特意写了书法作品"初心不染尘，清风自然来"，遒劲、飘逸的书法赢得同学们的一致称赞。

蒋东明老师书法作品
"初心不染尘，清风自然来"

2016年，我们毕业30年聚会前，组委会策划制作一个怀旧视频短片，最初文案稿子出来，大家的总体感觉是怀旧的情感有，但高度不够，尤其是没有反映出我们物理专业的特色。蒋老师在背后默默修改，悄悄发给我，并且特意嘱咐我别告诉大家是他修改的，怕同学们不好意思提意见。蒋老师写的那一段"物理让我们懂得思索的方向；物理让我们明辨事物发展的逻辑；物理也让我们从科学中享受艺术的美。在这纷繁复杂的社会，物理让我们神闲气定，因为我们明白，任何事物都有自己的发展规律。无论我们从事什么职业，物理的知识让我们终身受益"成了文稿中最精彩的一段。

光阴荏苒，岁月如梭，转眼离开学校已 30 多年。回望走过的半生，最喜欢的是在校园的时光，但小学懵懂、中学叛逆，还是在厦大度过的四年青春岁月最美，最值得留恋。1986 年 7 月芙蓉楼前捡起的凤凰花瓣，一直静静地躺在物理系学生会宣传部赠给我的笔记本中。这珍贵的笔记本，每每翻看，都会勾起我在学校美好的回忆。我的物理老师们，还是那么亲切、温暖。

感谢你们，我的厦大物理老师们。我的四年大学生活，因为你们而精彩！你们的教诲让我终生难忘。

作者简介：赵丽芳，女，1982 年就读厦门大学物理学系。中国电子科技集团公司第十三研究所（简称中国电科十三所）退休职工。

令公桃李满天下　何用堂前更种花
——记张志鹏老师、赖虹凯老师

◎ 林　冰

◎ **人物名片：**

张志鹏，男，1962年出生，福建厦门人。1983年获得厦门大学光电子学学士学位，1986年获得厦门大学理论物理专业硕士学位，同年留校任教，2000年获得厦门大学凝聚态物理博士学位。厦门大学物理系副教授，主要从事相对论和凝聚态物理的研究，涉及的主要方向有光波导、不完整晶体的电子结构计算等领域，主讲课程有群论、高等量子力学、数学物理方法、电动力学、电磁场理论、量子力学等。

赖虹凯，男，中共党员。现任厦门大学关工委常务副主任、校友总会副理事长。1982年毕业于厦门大学光电子学专业，长期从事光学、应用光学和光电子学等领域的科研与教学工作及激光全息显示和光学图像信息处理的应用开发，承担和参加多项教育部、福建省及国际合作科研项目，曾获教育部科技进步奖二等奖等。2003年至2007年任厦门大学物理与机电工程学院党委书记；2008年至2020年先后任厦门大学副校长、厦门大学纪委书记、厦门大学党委副书记。

右一为赖虹凯老师，右二为张志鹏老师

1986年9月，初入大学的我来到厦门大学物理系报到。因曾听闻新生入校会有学长学姐接待，所以理所当然地将一个主动来帮忙的卷发"雷锋"视为学长。他一路扛着我的巨大行李箱，一声不吭便把行李扛到了石井一的七楼，我还大大咧咧地指着宿舍门对他说"东西就放这吧"，他也不甚在意，放下箱子就赶忙去接下一批新生。直到正式上课后见到他在讲台上，我惊觉他居然是我们的辅导员张志鹏老师，顿感无地自容！只能宽慰自己，张老师是刚毕业的物理系研究生，所以整个气质很接近学生，也不能怪我认错。

而后又听闻张老师师出名门，导师是叶壬癸教授，是物理系学生的梦魇——相对论和量子力学的学科大牛。这么难学的学科都能学得好，加之张老师有一个容量极大的脑袋和一头大卷发，我们都私下开玩笑说他怕不是和爱因斯坦有什么神秘传承！

张志鹏老师为物理系学生授课

辅导员的工作不好做，但彼时，刚当上辅导员的张老师，元气满满，满腔热血。他与学生同住一栋宿舍楼,每周都要找我们开学生干部工作会议,分配各式各样的学生工作。我们还听说,张老师有时还趁宿舍关了灯,在宿舍外巡房,听听学生有什么抱怨,第二天就及时找学生干部去想办法解决。对于调皮捣蛋的同学,他也耐心交流,因材施教,跟他们一起做游戏,深深赢得了同学们的心。

大二时,张老师推荐我担任系里的预备党员候选人。当时,赖虹凯老师是物理系分管学生工作的党支部书记,专程找我们几个学生干部谈话,发展我们为预备党员。那是第一次见高高瘦瘦的赖老师,见面前,我以为领导一定很有距离感,没想到赖老师爽朗的笑声贯穿了整个面谈过程,有种天生的亲切感,成了包括我在内众多同学心里的"最佳书记"。

赖虹凯老师与学生亲切互动

当时,英语四级考 80 分以上的同学可以申请转到国贸系,我们都跃跃欲试,和几位同学商量着一起转系,因为当时学外贸确实有"钱途"。但张老师不赞成学生干部们转系,苦口婆心劝说我们留在物理系,他觉得物理专业毕业生一定可以有出息。他坚信基础学科的发展亦会带动其他学科的发展，只要学好物理，未来做什么都不怕。这份精神，鼓励了我们这一届物理学子好多年。张老师个性耿直，可谓纯纯的"理工直男"，讲话直率，内心真诚，对待物理也怀着一颗赤子之心，教的数学物理方法和量子力学是系里最难的课程。这两门课简直虐了我们物理学子千百遍，但张老师居然能够把学生带得很好，甚至还能带出考上北大、清华研究生的学生。他对教学十分严谨认真，比如，他的课堂除了课前点名，课中还会再点一次名，同学们都不敢掉以轻心。因为他教的量子力学和数理方法都非常难，所以用一节课点两次名的方法，督促同学们认真学习。毕业后我曾问过张老师，那么难的课程，您为何能不看讲稿就讲得头头是道呢？张老师说讲课关键是要有激情，一门课即使主讲多年，每年上课前也要研读一本新书，并将新书里的重要观点或者例题更新到课件里，这样就不会老调重弹，而是越讲越有心得。张老师讲课深入浅出，对难点阐述及数学推导游刃有余，获得学生广泛赞誉。1990年，我们毕业了，大环境下工作不好找，又碰上自主择业，很多同学都陷入对前途的迷茫，但不管是自己创业还是找工作，张老师都尽心尽力帮忙。

20世纪90年代初，刚刚步入工作的头几年，我们都经历着身份转变适应期的迷惘。有一年的新年，我竟突然收到了一张来自哥本哈根的明信片——是赖虹凯老师在做访问学者时给我寄的，封面是小美人鱼，是童话故事中追求幸福、有着坚强毅力和牺牲精神的再现，他以此鼓励我。此后，逢年过节我们都会收到赖老师寄来的明信片，他告诉我们要奋发图强，母校为我们自豪、是我们坚实的后盾。每每收到，都十分动容。

赖老师曾说，想把学生培养成什么样的人，首先自己就应该成为什么样的人。教师既要精通专业知识做好"经师"；又涵养德行成为"人师"；做"传道授业解惑"的统一者。教师应该有言为士则、行为世范的自觉,不断提高自身道德修养,以模范行为影响和带动学生,做学生为学、为事、为人的大先生。他认为,教育是一门"仁而爱人"的事业,有爱才有责任。作为教师,要严爱相济、润己泽人,以人格魅力呵护学生心灵,以学术造诣开启学生智慧,把自己的温暖和情感倾注到每一个学生身上,让其健康成长,让每一个孩子都有人生出彩的机会。我们有幸遇到了这样的大先生。他像一盏明灯,照亮了学生们各自出彩人生的道路。

2022年1月8日厦门大学校友会物理分会成立大会,
赖虹凯(左三)与林冰(左二)在科艺中心前合影

转眼,毕业已经32年了。我在职业生涯也取得了一些成绩,没有辜负母校的栽培。但每次回到母校,不管是生活还是工作的事,我一定要去找赖老师和张老师请教咨询一番。步入社会后,大部分人关心你"飞得高不高"、恭喜你取得了成就,只有老师总是让我不要那么累。

习近平总书记强调,好的学校特色各不相同,但有一个共同特点,都有一支优秀教师队伍。梅贻琦先生有句名言:"所谓大学者,非谓有大楼之谓也,有大师之谓也。"为什么我们这些学子毕业多少年都感念母校,在之后的人生中真正践行"自强不息,止于至善"的校训？ 我想,正是因为"师"。 在我心中的母校的"大师"不是专指学术造诣高的老师,也指塑造学生正确价值观、让我们成为真诚纯良的人的老师。 是厦大这些好老师,影响了我们一生。

易中天老师曾说:"我来厦大时,我什么都不是,只身一人,孤苦伶仃,是厦门大学接纳我,包容我,帮助我,支持我,培养我。"可能很多人看到这句会不理解,接纳、包容、帮助、支持、培养,不都是一个意思吗？ 但真正在厦门大学度过人生最重要四年的我们,都深能理解这几个词的含义,因为我们每一个人都曾被这样用心对待过。

作者简介:林冰,女,1968年8月出生,高级工程师,厦门大学1986级物理系光电子专业校友。现任阳光控股有限公司执行总裁、全球合伙人。曾任福建龙净环保股份有限公司董事长,福建星网锐捷通讯股份有限公司党委书记、董事、常务副总经理。

为师之道：润物细无声
——记我的辅导员廖志丹老师

◎ 林雄奇

◎ **人物名片**：

廖志丹，女，中共党员。2000年厦门大学人文学院哲学系硕士毕业后留校工作，现任校党委党的建设工作办公室主任兼组织部副部长、教师工作部副部长。历任厦门大学外文学院团委书记、法学院团委书记、海洋与环境学院、海洋与地球学院党委副书记。2009年成为厦门大学辅导员系列第一位被聘为副教授的老师，2010年获得哲学博士学位。曾获得全国高校辅导员年度人物百强，福建省十佳共青团干部、高校十佳辅导员、优秀思想政治工作者等多项荣誉。

廖志丹

2008年6月收到厦门大学硕士研究生录取通知书的那一刻，我的心中百感交集，思绪万千，可怎么也没想到，三年后，我会带着兼职辅导员的身份从厦门大学毕业。

厦门大学外文学院2008级硕士研究生共有74人，英、日、法、俄语四个专业加上外语教学部合成一个班级管理。我们班的辅导员就是廖志丹老师。开学报到之后，廖老师主持了我们班的第一次班会。那次班会的主题是选举班干部。遇到此类事情，我的第一反应就是缩在一旁冷眼旁观。

从小到大，我都是一个不爱说话、性格内向的男生，用我妈的话说，整个村的人我能叫上名字对上号的，不超过10个。在学校更是如此，从小学到高中，记忆中几乎没有和女生说过话，更不用说上台竞选班干部了。唯一一次当班干部的经历，就是高一时被数学老师钦点为数学科代表。自初中起就不喜欢数学的我实在是诚惶诚恐地接受了这个任命。好景不长，高一第一学期期中考，我的数学考出了34分的历史新低，我的数学老师也略显尴尬地当堂褫夺我的"官衔"。自从那次美丽的误会之后，我便两耳不闻班上事，一心只读圣贤书了。

外文学院的最大特点就是女生多，男生少，而在外文学院的研究生班，这一特点更加明显。全班74人，只有寥寥8个男生。竞选班干部的自然也是女生优先，而我们这八大"金刚"则在教室一角岿然不动。很快，黑板上就写满了竞选者的姓名，正当大家摩拳擦掌，准备投出心中神圣一票的时候，廖老师朝着稀有的男生群体，轻轻地说了一句："怎么没有一个男生出来竞选啊！咱们班男生虽然人数少，但是也要撑起半边天呀！"语音未落，我们这八大"金刚"瞬间感觉到来自66双眼睛的强烈聚焦——至少当时我的感觉是如此。一片庙堂式的沉寂之后，我竟鬼使神差地举起手:"不如让我来试试吧!"至于我后来上台说了什么,我自己也记不清了。我只记得当时说了句:"我以前也没当过什么班干部,但是愿意为大家服务,如果相信我的话,请投我一票!"

我很意外自己有勇气站在 70 多位来自全国各地的青年才俊面前发言,但更令我意外的是,廖老师竟宣布我担任班级的临时负责人!

正当我怀疑双耳听错、不知所措的时候,廖老师交给我第一个任务,即制作班级通讯录。这个看似简单的任务可费了我一个晚上的时间。首先我需要向同学们逐个收集、核实姓名和电话;其次由于我当时没有个人电脑,需要到宿舍附近的网吧办理人生中第一张上网卡,然后在网吧昏暗灯光下及反恐精英激战枪声中,把同学们的姓名和电话逐个录入 Excel 表格制成电子版通讯录;最后还要到打印店把通讯录打印出来。第二天,当我把赶制出来的通讯录交到廖老师手中的时候,廖老师表扬了我的工作态度,同时对通讯录的格式进行了优化调整,并提醒我可以在班级里每个专业方向确定一名负责人,由这些负责人收集整理信息,再由我统一汇总,这样可以提高工作效率。通过这个任务,我不仅基本了解全班同学的姓名,掌握与他们联系的途径,熟悉了计算机办公软件的操作,而且还学会了分工与合作。

此后,廖老师通过向我布置一个个小任务,不断锻炼我的组织协调能力、沟通表达能力、文字能力、计算机办公软件操作能力,乃至抗压能力。

一个多月后,廖老师约我到办公室,告诉我将正式担任研究生的班长,并解释了做出这个决定的原因,不仅仅是因为我这一个月来工作态度积极、勤恳踏实,更重要的在于我有责任担当的意识。看到我一脸茫然的样子,廖老师笑着说起她从其他同学那里听到的故事。

原来是在此前一周，我们在基金楼听力室上二外日语课，由于那天是下午的课，老师拖堂，等到我们下课时，基金楼大门的电动铁门已经关上，门口的保安也正好下班吃饭去了，这下我们一行20多人（包括老师在内）都被困在楼内。眼看着夜幕降临，大家的肚子开始咕咕叫，我们开始尝试合力掰开铁门。在大家的努力下，铁门终于被掰开了，可铁门因为是电动的，此时也失灵，关不上了。情急之下，我叫同学们先出去吃饭，回宿舍休息，自己留下来等保安回来，负责维修赔偿事宜。所幸保安没过多久就回来了，而铁门经过调试也恢复正常。我也很快把这事抛在脑后。想不到廖老师听到事件亲历者的描述，竟会如此重视，和我分析了她在这事件中所看到的我的责任意识和奉献精神，指出这正是一名好班长所需要的品质。

"你就是那个对的人！"廖老师正是通过耐心的引导，把我下意识里的举动培养为良好的习惯，通过鼓励式的话语，不断提升我的自信心，提高我的工作水平和为人处事的能力，让我实现了从一名普通学生到学生干部的转变。

当我逐渐适应班长的角色，驾轻就熟的时候，2009年的一天，廖老师又约我到办公室，说是厦门大学正在建立兼职辅导员制度，她建议我应聘这个岗位，协助她管理研究生3个年级的事务。我一听就傻了眼，管管学弟学妹还说得过去，怎么去管好自己的学长学姐啊！

其实兼职辅导员制度在2009年推出之时，学校并未明确具体岗位职责，大家都是在探索尝试的阶段，各学院兼职辅导员的分工也不尽相同。在外文学院任命我为兼职辅导员后，廖老师每次召集研究生的班会都会安排我一起参加，向大家介绍我的职责分工，强调我的兼职辅导员身份。与此同时，廖老师也指导我要把工作的主要精力用在为同学们排忧解难上。例如，针对研三的同学正处于毕业找工作的阶段，廖老师让我负责向他们发布各大公司的招聘通知，收集他们的个人简历，跟进统计他们的就业情况。更重要的是，廖老师要求我切不能因为工作而放松学业上的追求，平时要用好碎片化时间，不断加强学习，多发表学术论文，发挥表率作用。在廖老师的督促下，我连年获得了一等奖学金，并在学院研究生学术研讨会上发表论文，获得一等奖的荣誉。在廖老师的指导和帮助下，渐渐地，越来越多的研三学长学姐开始称呼我为"小林老师"。

研究生的三年学习生涯，我由一个不谙世事的书呆子到学生骨干，再成长为辅导员老师。这种转变提升了我的工作能力，让我在待人接物上变得更加成熟，但更重要的是让我获得与廖老师共事的宝贵机会。我和廖老师同处一间办公室，可以听到廖老师"小灵通"办公手机不绝于耳的铃声，常常看到同学们络绎不绝地过来找廖老师谈工作、谈心事。起初，每当看到廖老师那写满待办事项的笔记本时，我总是好奇，她是如何在妥善处理那么多繁杂事务的情况下，还能淡定自如地和学生谈心，还总是有新办法、新举措推进学生工作，甚至还有时间攻读博士学位。后来通过一段时间的观察，我才发现，原来廖老师不仅有很强的统筹规划和领导能力，做到知人善任、合理分工，而且也经常默默地在办公室加班布置工作、阅读书籍、撰写论文，这就是她能够做到"事忙勿慌，事闲勿荒"的秘密。廖老师全身心投入工作的认真态度，无时无刻不在感染着我，让我真切感受到学生工作的艺术感、成就感，也让我从发自内心地爱上了"辅导员"这份爱与奉献交织的工作。

虽然毕业之后，我没有从事辅导员的工作，但廖老师在我读研三年期间的言传身教，不仅培养了我的综合能力，而且让我养成了认真踏实的学习和工作习惯，树立了强烈的责任担当意识，让我在职业生涯中受益无穷。

自强！自强！人生何茫茫！谁与普度驾慈航？毕业后，我没能成为您，但我将继续以您为榜样，争做德才兼备的厦大人！谢谢您，廖老师！

作者简介：林雄奇，厦门大学外文学院2008级硕士研究生，英语专业。在校期间连续三年获厦门大学研究生一等奖学金，连续三年担任外文学院2008级硕士年级负责人，2009年11月至2011年6月担任外文学院兼职辅导员，曾获厦门大学优秀共产党员、优秀学生干部、优秀兼职辅导员、优秀毕业生等荣誉，现就职于广东省直机关。

念温馨如你　有行者如斯
——记我的辅导员聂鑫老师
◎ 翟伟坤

◎ **人物名片：**

聂鑫，女，中共党员。现任厦门大学化学化工学院党委副书记、副教授、国家二级心理咨询师、职业指导师、KAB创业教育讲师。自1997年从厦门大学海洋系海洋生物学专业硕士研究生毕业后，一直躬耕在大学生思想政治教育工作的第一线，先后担任厦门大学法学院辅导员、团委副书记、团委书记，生命科学学院团委书记，新闻传播学院党委副书记，化学化工学院党委副书记。在《人民日报》、《光明日报》、《中国青年报》、人民网、高校思政网等发表学术论文多篇，主持完成教育部人文社会科学研究专项任务项目（高校思想政治工作，1项）、福建省高校思政教育研究会立项课题（1项）、厦门市教育局课题（3项），曾获第十四届全国高校思政教育青年学者论坛优秀论文奖、福建省高校思政教育研究会年会论文一等奖（2次）、2010年全国高校辅导员年度人物入围奖、福建省高校十佳辅导员提名奖，获评厦门市优秀辅导员。2020年10月，获教育部第十二届高校辅导员年度人物提名。

聂　鑫

2007年，初见聂鑫老师的时候，是她到学生宿舍看望我们这一级法学研究生，了解报到后有没有需要她帮助协调解决的困难。她说，那一年正好是她担任辅导员的第10个年头。当时感觉这个辅导员老师朴素、实在，像家中的长姐，有天然的亲近感。她问得很细，像我这样第一次来南方的，特别问了吃得习不习惯、皮肤是不是适应这里的天气。我们几个北方来的，忙不迭地说：习惯习惯，这里很美，见到的人很热情，感觉不像是离家，像回家。大家一下子都笑了起来。

后来，聂鑫老师经常到学生中来，话话家常。看到她跟同学们打成一片，都以为她是我们这一级研究生的专门辅导员。有一次谈话，随口问起才知道，当时学校的辅导员因为新校区投用被抽调了不少，聂鑫老师带的学生有1000多人。当时感觉，这个辅导员老师是真心热爱自己的工作。

我在班里年长，同学们希望我当班长，我推辞了。研三要开始的时候，有一次遇到聂鑫老师，她提醒说，毕业学年的班务繁杂重要，班里只有我有工作经验，建议我担任班长，便于更周到地进行联络服务。我心里顿时有一种被叩问的感觉，心门豁然开朗。心想，这个老师真是敏于观察，善于打开学生的心扉，推着人不得不前行。担任班长后，我与聂鑫老师的工作联系就多了起来，对她如何带好1000多名学生，也找到了答案。

聂鑫老师案头摆了不少管理、心理、教育、思政等方面的书籍，大部分都是翻旧了的。跟她交谈，不仅能得到实际的指点，还有智慧的传递、思想的享受。她带团队的经验丰富且多样，参与指导的一个学生专业团队在国际比赛中保持了国内最好的成绩。她结合实际工作进行理论总结，不断有研究成果发表、获奖。在我的印象中，她是一个爱思考、讲方法、有办法的辅导员。她一有空就往学生中跑，了解思想动态，畅通沟通渠道，以问题为工作的导引，鼓励有困惑的同学去找她谈心。她有针对性地组织各种专业、职业、形势专题论坛，推动同学们学思结合、学以致用，培养未来眼光，拓展全局视野。她有意识地培养学生干部，发现那些有热心肠且有服务能力的学生，鼓励他们担任班委和社团干部，以用人即育人为工作助力，指导学生干部发挥自身优势扑下身子去服务。她依靠多层次的校院社团、学生机构，带领学生到一线去，从课堂，到城市建设主战场，到乡村，到藏区，开展多彩、专业、有创意、有深度的实践活动，在与大地、人民和自身的互动中教学相长。阶段性工作之后，她会总结共性问题和通用经验，传达到学生，一揽子解决问题。她很自律，以清正要求自己，从来不收学生任何礼物，相反还经常贴钱开展活动，自掏腰包解决一些同学的现实困难。从人生哲学的角度看，她真正理解了职业、助人之于人生价值的意义，准确领悟了自我实现的精神内涵，切实践行了"人的本质力量的对象化"。

通过一年多的班长工作，我既在服务同学中体验了快乐，也从聂鑫老师身上学习到了为身立业需德才兼备、德能配位。聂鑫老师不仅自己得到了组织的肯定，获得不少荣誉，她带的学生也不断获得国家级、省级等奖项。我们那一届研究生，尽管就业形势严峻，但就业特别好。毕业后，每当我抚摸校三好学生、优秀毕业生的奖状和被评为优秀的毕业论文，在班级群看到大家的凝聚力那么强、毕业后工作都沿着法治正途颇有所成，就不禁追忆起这段经历，聂鑫老师躬耕的身影便浮在眼前。聂鑫老师的情怀、公心和工作方法，带动了我们的成长，使我在以后的工作中也受益匪浅。

毕业前夕，同学们都顺利找到了心仪的工作，心情放松了下来。我去向聂鑫老师预约毕业照拍摄时间，并谈了毕业旅行的想法。聂鑫老师很赞同，她说："厦门以美扬名，福建绿水青山生态秀，你们以厦门岛为起点，以武夷山'双遗产'为折返点，回到鼓浪屿，这个路线设计会给你们留下'美丽中国'的深刻记忆，厦大将终生感召你们！"果不其然，厦大法学院的三年时光，留下了人、事、物皆美的记忆，定格于这次毕业旅行。同学们即便不在厦门，也都牵挂着这座城市、这所大学、这里的老师、这里的温馨岁月。这次百年校庆，为民族复兴进程第一个百年奉献了一幕生动的四海校友归心、九州学人同贺的忠义报效图。

　　正因为有像聂鑫老师这样的师长潜移默化的影响，法律正义的思想在这三年里无形中添了温暖的色彩。我离开厦门，到了首都在最高司法机关工作，便觉心中法治的理想主义因了这份色彩熠熠生辉。心中柔软处有温馨，便生思念。九年后，我向组织申请，到厦门的基层法院从事审判工作，回到了这个自然生态美、政治生态好的理想之城。我跟厦大的老师们报告了自己的选择。跟聂鑫老师说的时候，她笑着说，看看吧，受感召了吧。我看到聂鑫老师依然匆忙的身形，也开玩笑说："看来这几年您一直坚持运动战，带着学生到处跑啊。"师生重逢感动之余，我真诚地对她讲："人这一生要有归属感，事业上要归属于一个地方，生活上要归属于一群同仁，厦大是我法学受教之所，聂师等恩师是我的启蒙导师，这里是我的精神家园，我就是为你们而来。"

　　师者，立德树人。为师在前，求学随后，老师对学生天然有人格的引领作用，桃李不言，下自成蹊。德正心慧的聂鑫老师，她将学思融于德行，将德的魅力体现到行动、活动和事件中，春风化雨润为人格。她是厦大老师精神气质的一个代表，是厦门这座城市高素质高颜值的一个缩影,是中国大学辅导员队伍职业精神的一个示范,是厦大迈向世界一流大学征程中默默闪耀前方的一颗星。

作者简介:翟伟坤,厦门大学 2007 级刑法学硕士研究生,曾获得厦门大学三好学生、优秀毕业生等荣誉。2010 年毕业后,在最高人民法院办公厅、政治部工作。2019 年 8 月至今,在厦门市海沧区人民法院工作,任党组成员、副院长、三级高级法官。

我的厦园八年"导师"
——记我的辅导员沈丽秀老师

◎ 李 笠

◎ **人物名片：**

沈丽秀，女，中共党员。现任厦门大学外文学院党委副书记。从事辅导员工作21年，曾获得第七届全国高校辅导员年度人物提名奖，福建省十佳辅导员、高校优秀思想政治工作者、优秀共青团干部、大中专学生志愿者暑期"三下乡"社会实践活动先进工作者等荣誉称号40余项。

沈丽秀

2011年9月入学报到的那天,记得天特别蓝,漳州校区满是花香。当我拖着沉重的行李箱,满怀梦想走到报到点的时候,一位脸上挂着灿烂笑容的老师热情欢迎了我,自此我的大学时光开始了。2019年6月,8年厦大生涯结束的那天,还是这位老师,还是同样始终热情的笑容,在厦园一角,代表着我最爱的厦大,正式送别了我。

可以说我自身"三观"的养成、学识的长进、阅历的积累都发生在自己的大学时光,而沈老师,就是这个大男孩八年成长的坚定见证者。

如今的我已经工作2年多,回头感慨,愈发觉得,这是怎样一位优秀的老师,数十年如一日,对学生始终充满热情与关爱,陪伴着他们一个个成长成才,周而复始,不辞辛劳!

哪里有需要,哪里就有沈老师

国际关系学院/南洋研究院这是个很小很小的研究型学院,但小院事杂,不像其他学院按年级分配辅导员,整个学院上到国内外研究生,下到本科新生,所有学生事务几乎通通都压在沈老师一人肩上,沈老师前脚开导完学生,后脚就要去参加新生活动,路上还要给毕业班的学生远程进行就业指导,再遇到个突发情况,整晚都回不了家,这一点,我相信我们的好朋友小彦(沈老师的女儿)非常有发言权。

在我毕业前夕,沈老师调到外文学院任党委副书记,得知消息后我在心中感叹,沈老师终于可以轻松一些了,但毕业后返校和沈老师聚会闲聊时发现,她比之前更忙碌了。"升职"后她非但没有放下原先一些琐碎的工作,反而因为更大的责任而做得更加细致严谨,匆匆吃过午饭便要赶去学院工作,害得我之后每次回去都要提前好久预约时间。

兰质蕙心，万能的沈老师

8年来，我可能是麻烦沈老师最多次的学生了吧。大一求助选双学位，大二请教学生会去留，大三咨询做好学生机构工作，大四探讨报名支教团还是直接保研，支教那年求助联系校地对接，研一请求参谋女朋友，研二、研三求教就业方向。8年时光，我们不仅仅是师生，更是好友，既分享喜悦，也倾诉难题。

沈老师是实打实的厦大学霸，不仅在学生事务上给予我们充足的指导，在学术研究、社会实践等方面也让学生受益颇多，记忆中每一次田野调查和社会实践后的文稿撰写，遇到难题都是沈老师指点迷津，不同于学院教授专业的学术指导，沈老师更多从项目背景、意义着手，帮助填充文章血肉，并且对汇报展示也是颇有心得。经过沈老师一系列指导，我在历次院校展示中都表现出色，工作后也受益匪浅。

沈老师，成长路上，幸运有您

还记得毕业前最后一次聚会，我请沈老师帮我指出存在的问题，沈老师略加思索，指出我三点不足和工作中需要注意的事项。其实在沈老师心中，我的优缺点她早已洞悉，只是找合适的契机提醒指点我，毕业工作前就是最好的选择。工作以来回头看，三条建议都非常适用，我想也将受用终身。

毕业两年多了，和沈老师的聊天也更多从学习、成长到了工作、生活，虽然联系没有在学校那么频繁，但每次的沟通交流都让自己既找到解决当下难题的办法,又从沈老师淡定从容的语气中沉静下来;让自己既保持向上斗志,又能心态平稳,做到盈科后进。

今年是我成为厦大人的第十年,也是与沈老师相识的第十年。时间一晃而过,但厦大、沈老师之教导印记必将伴随我终身,唯愿厦大愈好,沈老师诸事顺遂。

作者简介:李笠,厦门大学国际关系学院/南洋研究院2011级外交学本科生,2016级世界经济硕士研究生,曾任厦门大学第十七届研究生支教团团长,2019年7月毕业,现就职于中国汽车技术研究中心有限公司党委组织部。

你的经历，我的回忆
——记我的辅导员毛毛老师

◎ 周　媛　李　琛

◎ **人物名片：**

毛毛，女，中共党员。现任厦门大学社会与人类学院党委副书记。曾任生命科学学院辅导员、团委副书记、团委书记。2014年至2019年任厦门大学生命科学学院团委书记期间，于2014年9月至2015年9月赴新疆维吾尔自治区昌吉回族自治州挂任团委副书记。

毛　毛

小种子破土而出长成参天大树，是雨水的滋养和阳光的呵护；小小的我们遨游在大千世界，也是美好的人、温暖的事让我们茁壮成长。当我们把这些场景、感动在脑海里放映，画面总是太美丽。大脑就像身体中的核心搜索引擎，输入几个关键词时，就会出现相关度最高的人和事。当我们坐上记忆的时光机，搜索着"研究生、学校、家长"这三个关键词，脑海中渐渐清晰的是熟悉的面孔——亲爱的辅导员毛毛老师。

周媛：亦师亦友的辅导员

最初与毛毛老师的相遇，是电话线的千里传音。如今已经是一名准毕业生的我，回想起刚到厦大翔安校区的那天，闷热的天气，空旷的校园，超负荷的行李，一天的入学事项办理，汗水模糊了我的双眼，疲惫困倦笼罩着我的大脑，临近傍晚时分，想着终于剩下办理入住这一项了，马上就可以躺在宿舍休息了，可没想到，出问题了。我原本申请的宿舍因为一些原因必须调整，公寓办也没有办法，这时候公寓办工作人员让我联系我们的辅导员，我一看已经是晚上八点了，我想老师应该都下班了吧，犹豫之下，给辅导员毛毛老师打了第一个电话，没想到很快就解决了住宿问题。记得电话那头传来的是毛老师着急和担心的声音。我无助的内心顿时充满了温暖，望着宿舍楼里逐渐亮起来的一盏盏灯光，第一次在校园里找到了家的感觉。有时候毛老师就像一个大家长，管理着学生的方方面面，她有着好多工作群，每个群里有好多学生，就像她的孩子一样，从本科生到研究生，从在校生到毕业生，毛老师日日夜夜操心着，夜以继日守护着。

在凤凰花开的季节里，毛老师迎来了一批又一批的新生，又送走了一批又一批的毕业生。去年的毕业季，毛老师因为值班，住在翔安的宿舍里。某天晚上我和舍友去买零食，偶遇了毛老师，于是和毛老师一起漫步在翔安夏天的暖风里。从前认识的毛老师是老师，但那天我又认识了一个新的毛老师，是朋友。我们一路聊天，和所有女孩子们的聚会一样，因为好吃的大声欢笑，因为好看的惊奇不已。毛老师带我们和研究生会的准毕业生一起围坐在操场，聊着人生，唱着歌，吃着西瓜，从来没觉得这西瓜这么有滋有味。毛老师是一名文艺人才，能歌善舞，经常参加学校的表演，看着大家的笑脸，我明白了毛老师不仅是QQ群里回答问题、解决疑惑的毛老师，不仅是电话线里操心学生的大家长，毛老师还是现实生活中的好伙伴好朋友。看着毛老师望着师兄师姐们那种舍不得的眼神，在操场的夜谈一直持续到凌晨，大家也不愿离去。毛老师送走了一批批优秀的毕业生，我想明年也该轮到我了。

然而在今年，毛老师因工作调动，去了本部。我的毕业季，不会是毛老师来送我们了。几次想去本部找毛老师聊天、找毛老师玩，又觉得毛老师很忙，不好意思去打扰。很巧的是，今年在毛老师新上任的学院举办的活动上，和毛老师意外相遇了，望见毛老师的身影，又惊又喜，和毛老师来了个久违的大拥抱，依旧是这熟悉又温暖的笑脸，亲切又热情的声音，我竟一时说不出话来。毛老师虽然不在生科院了，但是毛老师依旧不忘关心我们。毛老师是微信对话里的毛老师，给我推荐好工作；毛老师是朋友圈评论栏里的毛老师，关心我、鼓励我，夸我是个好宝宝。毛老师是我们心中的毛老师，是独一无二的毛老师，很多时候我们的情感不会表达，但确认过眼神，这就是我们最棒的毛老师！

李琛：我的辅导员是一个百变精灵

毛毛老师的发型是很有个性的羊毛卷，让人在人群之中一眼就能认出她。十指纤纤但写的字牵丝劲挺，提按分明。

就业指导、研究生活动、心理辅导等，毛毛老师就像是一瓶永久有效、永不过期的万金油。她好像拥有叮当猫的神奇口袋，在你遇到难题时能够掏出一个锦囊，她好像拥有心灵窥探镜，在你内心压抑时跟你谈心聊天。刀子嘴豆腐心、风风火火、极度细心是她的标签。

我有一个特殊的身份——辅导员办公室的学生助理，很庆幸这样一个身份让我和毛毛老师发生着一些不一样的故事，让我更加了解辅导员这份工作，让我发现原来有这样一个人，时刻为我们的校园生活操心；有这样一个人，时而严肃、时而暖心、时而调皮；有这样一个人，一直都在偷偷爱着我们。

所有有关学生的事情皆是老师忙碌的核心。毛老师就像是一个中心枢纽，所有学生项目需要先通过她。所以有人说，辅导员是为我们校园生活保驾护航的骑士。这个骑士有点忙也有点酷，面对手机、电脑上的信息"轰炸"，她一丝不苟地一条条回复；面对出现的突发问题，她能够有条不紊地采取应对方法。电脑里就像是有一本历年来学生的大事记，每一位学生的信息，每一场活动的信息与成果，都记录翔实。工作交流过程中，我能感受到老师那份全情的投入，还有那份敬业精神。老师是个中午总是不按时吃饭的"小孩"，对着键盘叮叮当当地快速敲打，在笔记本上严肃地写写画画，然后给学生们开会指导工作。老师也是工作之余一起聊天的小姐妹，跟我们分享自己的过去，也耐心听着我们的故事和烦恼，用心了解我们。毛老师就像一个大家长，耐心教导犯错学生，第一时间转达台风警报，给我们求职方向的建议，贴心地分享招聘信息，事无巨细，以一个过来人的身份协助我们明确前进的方向。

辅导员是一个百变精灵，面对不同的工作内容可以切换不同的兴奋状态。

毛老师，是前行路上的催化剂、强有力的啦啦队、可以吐露心的心灵小屋。

周媛和李琛：是与您在一起的点点滴滴，充实了我们的经历，丰富了我们的回忆。三年的研究生时光即将过去，仅以此篇文章向我们最亲爱的毛老师表示衷心的感谢！

作者简介：周媛，厦门大学生命科学学院2017级硕士研究生。李琛，厦门大学生命科学学院2017级硕士研究生。

南强最美是师恩
——记我的辅导员杨玲老师

◎ 闫生方

◎ **人物名片**：

杨玲，女，中共党员。现任厦门大学马克思主义学院副教授，福建省青年志愿者协会副会长。1999年留校工作至今，坚守辅导员工作一线20余年。其间，陪伴、见证了数千名学生的成长，努力为学生成才提供有价值的支持和启发，赢得了学生们的尊敬和信任。在思政工作的标准化、专业化及科学化方面开展了大量针对性的研究，注重对教书育人科学规律的探索总结，先后在核心期刊上发表相关论文多篇，研究成果多次获得国家级表彰。

闫生方（本文作者，左）与杨玲（右）

一晃硕士毕业已经十几年了，对于母校，自己就像一个从未长大的孩子，还时常在梦中飞回学校，回忆着那段人生中最美好的时光，怀念着巍峨的建南大会堂、秀丽的芙蓉湖，还有可爱的辅导员杨玲老师……

杨玲老师是我们年级的辅导员，由于学院学生会工作的缘故，与杨老师多有接触。毕业后工作至今，彼时在学校养成的一些好的习惯，让自己在工作中还受益良多，而这些基本都是杨老师严格要求、言传身教的结果。

一、学贵有恒　厚积薄发

杨老师很平易近人，我们学生平日里更喜欢把她当成一个"大姐姐"，在学习生活中遇到问题，也都愿意向她请教。杨老师也喜欢与我们交流，把自己宝贵的经验无私地分享给我们。令我印象最为深刻的是，在日常的工作之余，杨老师那不断进取的学习精神，在做我们辅导员的同时，她还在攻读博士学位，孜孜以求，奋发上进。

记得有一次我与杨老师一起去爬普陀山，在半山腰俯瞰整个厦大，她指着美丽的校园讲："人生能在厦大这么美丽的校园读书真是幸运，一颗躁动的心到了厦门就会不自觉地安静下来，美丽的厦大山海相连，可见海上之白帆点点，可听南普陀寺的暮鼓晨钟，可在图书馆书海中自由徜徉，在'中国最美大学'环境中熏陶出来的学生也是最美的。"她还对我说，研究生阶段的学习明显与本科不同，那种自我提高是由内到外的，要多读书积累，培养持续学习的能力。

受杨老师启发，我在宿舍床头贴上了一个"开卷有益"的小便签，每日尽可能去多读书，而且养成了记读书笔记的习惯，几年下来，居然累积了厚厚的一摞,算是不大不小的一个小成就吧。工作后,蓦然发现在此期间的读书积淀对自己帮助甚大,当工作中虽历经辛苦,却能写出一篇篇不错的文稿,干出不错的业绩时,我也深刻理解了当时杨老师讲话的深意,更是深以为然。

人生充满了未知,也饱含着偶然。每个厦大毕业生都走出了不同的人生轨迹,但相同的是都会深深烙上厦门大学的印记,脉搏中会永远跳动着"自强不息、止于至善"的气息。

二、业贵有专　精益求精

在学生会工作中,杨老师常常教导我们,具体的学生工作做起来比较琐粹,大家要能沉下心来,不要心浮气躁,凡事皆要计划细致、周详,即使是一件再小的工作,如果不用心去做,也可能做不好,可能还会出错。有一次聊天,她半开玩笑说:"曾国藩讲'古之成大事者,规模远大与综理密微二者,缺一不可'。你们将来无论从事哪方面的工作,首先要格局宏大,眼光长远,其次是细节决定成败,必须把握得非常精细,这样做起事来,才能事半功倍。"

那时我是学院学生会的学术部部长,在杨老师的指导下举办了多场研究生学术论坛。在论坛主题的选定,嘉宾的邀请,时间地点等方面,杨老师都给予了全方位的指导,每当遇到棘手的问题,也是第一时间向杨老师询问,而这些经历也成了工作后的宝贵财富,让自己在举办大型学术活动、重要庆典中,总是能有条不紊,纲举目张。

《阿甘正传》中有一句非常经典的话:"人生就像一盒巧克力,你永远也不知道下一个吃到的是什么味道。"毕业后,自己到当前号称"全球最大医院"的郑大一附院工作,那时的我是一个对医学知识完全无知的门外汉,内科、外科都分不清楚。 从零起步也好,靠着学生阶段的积累,兢兢业业工作,认真做好每一件事,小到一个讲话稿,大到重要材料的准备,一路走来,虽说多有不易,但也收获多多。

三、人贵有品　拙能胜巧

曾记得上学时和杨老师聊天,我们开玩笑说上学时是"混",出了校门是"混混"。 杨老师经常教导我们:"如果说个人的聪明是一种禀赋的话,那么勤奋则是一种人生态度,在承认人与人之间智商差别的时候,后天的努力非常重要。 决定一个人在社会上走得长远与否的一是人品,二是能力,毕业后同学们在事业打拼的时候,要能守得住底线,有所为有所不为。"

2016 年是我们 2006 届毕业十年的日子,同学们相约母校,共同致敬我们逝去的青春。 看到校园内的学弟学妹们,一切仿佛就在昨天,可昨天偏偏又不再有,我还是厦大的孩子,而已不能再做长久的陪伴。

那天记得特别清楚,我和杨老师聊了很久,从工作到生活,从家庭到孩子,无所不谈。 人生是一条单行线,在这条路上奔走的我们已经无法回到过去。

相信很多同学对工作多年的感悟都很深刻,在社会摸爬滚打,能展示给同学的也都是好的一面,其中酸甜苦辣、百味人生也只有自己知晓。 参加工作后,碰到些磕磕绊绊是难免的,就像一辆新车上路,总是要剐剐蹭蹭的,渐渐地技术熟练了,磕碰也就少了,这时人的棱角就磨得差不多平了。 工作中免不了也会碰到形形色色的人,真诚的与虚伪的,美的与丑的,这都是人生常态,见得多了,也就见怪不怪了。 人生道路充满了崎岖与不平，如果凡事都要问个是非和曲直，则必定会活得很累。如果说刚刚跨出校门，还意气风发、锐气逼人的话；多年后，学会放下，淡然看待名与利，也是一种成熟和智慧。

这时候，我经常回味杨老师给我们讲的，工作就是做人与做事的结合。做人就是人品，虽然人生很难讲，但不论何时，只要保留一颗纯真善良的心，在利益面前懂得取舍，守得住原则底线，拿得起放得下，不做损人利己之事，即使受到一时之气，也要学会忍耐，相信总会有一缕阳光为你而来。做事就是培养能力，书中知识并没有教给学生解决工作中问题的具体方法，但是提供了基本的思路和再学习的能力，学生时代要解决和完成的就是这些能力的培养，也是你们毕业后用之不竭的东西。

毕业多年，现在逢年过节，给杨老师打打电话，聊聊家常，问候一下，已然成了一种习惯。

今日怀念昨天，不是回到过去，而是珍惜好当下，更是绸缪未来！

作者简介：闫生方，男，1979年6月14日出生，河南新乡人，1999—2003年攻读郑州大学公共管理学院社会工作专业，2003—2006年攻读厦门大学公共事务学院行政管理专业硕士。毕业后在郑州大学第一附属医院工作至今，现任医院办公室副主任职务，高级经济师，先后发表核心期刊论文10余篇，承担省厅级课题7项，获得河南省科技进步二等奖1项、三等奖3项。

"太阳底下最美丽的事业"
——记我的辅导员高斌老师

◎ 王 诤

◎ 人物名片：

高斌，男，中共党员。现任厦门大学学生工作部（处）副部（处）长，翔安校区学生办公室主任。曾任法学院团委书记、辅导员，负责学院学生科创、志愿服务等专项工作，指导学院团总支、学生会、青年志愿者协会、大学生法律援助中心开展日常工作和活动。同时承担学校"毛泽东思想和中国特色社会主义理论体系概论"等公共必修课程的教学任务。

高 斌

第一次见到高老师，是2013级新生党员入校培训的时候。学院还没正式开学，高老师联系到雅萌和我，他说我们是2013级最先入校的同学，他想来见我们一面。当时我们还在参观厦大人类博物馆，就在这里我接触到了学院迎接我们2013级新生的这第一位老师。

"有事请找高老师"

我们法学院2013级的同学们最熟悉的朋友、最亲近的师长是高老师，他是我们学习和生活中的"关键人物"。同学们需要请假，去B319室找高老师；党支部要开会了，在群里"艾特"高老师；班级同学想去法院听庭审，请高老师帮我们联系；生活上有困难、宿舍有矛盾，给高老师打电话；要筹备活动，听听高老师的意见；社会实践组队缺少指导老师，那不如问问高老师；晚会表演节目，请高老师来唱首歌嘛；生病在家休养，会突然在某天看到高老师来家访……什么，你想翘课？不了吧，高老师经常来检查！写下这段话的时候，由于场景描述过于真实，我好像又能看到跟高老师打招呼时他神采奕奕的笑，能听到高老师每次站在B137教室的讲台上开年级大会时事无巨细的讲解声，也仿佛能看到同学们在学院B319办公室里以"高老师"开头，然后开始有人汇报工作、有人提问题、有人请高老师签字、有人通知高老师去开会的样子。无数个琐碎的画面拼接成了高老师留在我们2013级同学校园生活里那抹不可缺少的身影。

"高老师的多重身份"

刚入学，高老师就着手开始组建我们2013级本科生党支部，支部一开始的成员只有高老师、雅萌和我。高老师指导我们开展支部活动，跟我们一起策划主题党日活动，一起去颂恩楼前升国旗，帮助支部发展新党员。2013级本科生党支部一开始的3名成员，不断发展，到大四时已经可以以班级为单位组建支部，每个支部也都有十几名党员。

高老师还是我们社会实践队的指导老师，他连续两年带领我们"厦一站"队参与社会实践。高老师给我们提供信息，传授技巧，树立信心，为保障项目调研的顺利开展，他为我们联系调研单位，跟我们一同修改调研方案、设计调研问卷，共赴实地开展调研活动，一同去经济创新的最前沿了解P2P行业的现状。我们的项目获得了2014年厦门大学基础创新科研基金（本科生项目）立项，这是厦门大学文科类中唯一获得此类立项的项目，实践队的一篇《P2P网络贷款的法律风险与对策》报告最终发表于上海交通大学金融法律与政策研究中心主办的《互联网金融法律评论》中。

此外，高老师还指导学院团总支、学生会、青年志愿者协会和法律援助中心开展日常工作和活动，我总能在我参与的学生组织中见到高老师的身影。

高老师非常关注我们的专业学习，他曾带领我们3班的同学旁听法院庭审，组织学院的模拟法庭竞赛，指导我们开展厦门大学跨学科论坛（由法学院参与主办）。与此同时，高老师教会我们把专业知识和志愿服务结合起来，他每年都会带领学生参与"3·15消费者权益保护日"普法活动、青少年法治课堂活动等，并且一直以来关心、关注并指导学院法律援助中心的工作和发展，带领我们参与志愿活动。

2019年6月，我结束了在厦大法学院6年的学习和生活，在火红的凤凰花中离开了阳光炽热的厦门。非常遗憾的是，我们硕士毕业时高老师已经调离了法学院，还留在学院读研的同学没能跟高老师一起拍毕业照，希望能在 100 周年校庆回校时弥补这个遗憾。

毕业之后,再谈论起高老师,我们赞叹于他的敬业、包容和工作的无限智慧,我们感恩他对我们的关怀、付出和数不清的帮助。知无央、爱无疆,高老师用执着信念带领着学生,而我们也将带着他的期许,秉承着他的信念,在祖国各地的政法战线不断奉献,让青春闪光。

作者简介:王诤,厦门大学法学院 2013 级本科生,毕业后就职于天册(上海)律师事务所。

厦园的守望者
——记我的辅导员唐腾凤老师

◎ 刘琳静

◎ **人物名片：**

唐腾凤，女，中共党员。现任厦门大学海洋与地球学院党委副书记。曾任厦门大学团委科员、秘书，信息学院团委书记、辅导员，曾参与或主持过团中央、福建省和校级多项课题，先后获评福建省优秀共青团干部、社会实践活动先进工作者，厦门大学优秀共产党员、优秀辅导员、优秀共青团干部、志愿服务先进工作者，金砖国家领导人厦门会晤筹备及服务保障工作厦门市先进个人，第四届中国"互联网+"大学生创新创业大赛筹办工作先进个人等多项荣誉。

唐腾凤

犹记得那个稀松平常的午后，我和鹏峰学长相约咖啡厅见面，聊天过程中想起当年那些温暖稚嫩的时光，那些可爱的人儿，那些敬爱的师长。梦中常出现的广厦，红墙，绿瓦；那浑厚的钟声唤醒了多少孺子的求知梦想；海韵自习室镂刻了多少默默攀登的痕迹。厦大是个美丽的地方，也是一个充满故事的地方，而我们和"糖糖"老师的故事也从这里开始。哦，"糖糖"是我们从其他老师那里偷来的昵称，因为大伙儿都这么叫她。厦园七年，她带我最久，对我们影响最深。

学长跟我分享了他对"糖糖"老师印象最深的一件事。那是2013年夏天的午后，鹭岛一如往年的闷热，夏天蝉儿的聒噪反倒映衬厦园的安静，"糖糖"老师办公室桌上的那盆绿萝，叶片娇秀，生机盎然。在辅导员办公室里，老师有些神伤地对他说道，远州前几天做了截肢手术，手术比较成功，但还需在医院接受化疗，她打算明天去福州探望下远州，邀他同行。2012年底，远州同学刚被确认患上骨肉瘤，就诊于厦门大学附属第一医院。老师又是送牛奶，又是送水果，还常牺牲周末在家陪女儿的时间，专门到医院探望远州，鼓励他要乐观坚强，不要放弃希望，临床的病人一开始还以为是远州的亲戚。转院福州后，老师前前后后又跑了很多趟。2013年秋季一开学，老师主动帮忙了解课程设置和论文导师安排等相关事宜，同时咨询复学的相关手续，联系同学帮忙辅导远州。毕业季的时候，"糖糖"老师一直关注招聘新闻，一有合适的招聘消息总是第一时间推送给远州。最终，远州顺利被厦门软件园里的一家软件公司录取。远州曾不止一次地对学长感叹道，患病以来，正是唐老师一直的鼓励和帮助，让他学习如何用坚强乐观抗争病魔，用微笑致敬青春。

还有很多故事都发生在办公室，那时候我是一名学生干部，工作起来有点较真，这点随老师。还记得大二那年的五四红旗团支部标兵的推选，我自认为我们团支部成员优秀，活动出彩，成绩显著，怎么也没想到会落选。当时，我很想为集体拿回这个荣誉，准备参选资料的时候，大概准备了一周。在办公室门口，老师叫住了我，告知我评选结果。应该是心态还不够成熟，听到落选的消息，我委屈又失落，还哭了。"糖糖"老师心疼地拥抱着我，拍拍我的后背，一边安慰我，一边鼓励我。随后老师带我回办公室，一项一项查看我们提交的资料，分析落选的原因。最终发现，我们支部确实是很优秀的，但是因为入学时间短，各项成绩的积累不如高年级的，而五四红旗团支部标兵，每个学院只能推荐一个团支部参加全校的评选。当我们一项一项核对完，夜色已经很深了。如今回想起来，"糖糖"老师其实本不必带我一项一项核对，即使核对也可以等第二天再开始。但她担心我放不下，所以即使饿着肚子，天色已晚，她依旧帮我耐心分析此次落选的原因。此后我在工作中，对一些小细节的注重，甚至有点"吹毛求疵"，大都来自这些年"糖糖"老师点点滴滴的影响。之后很多个夜晚，我路过海韵行政楼C308的窗外，总能看到办公室里灯光下老师的背影。不知道没路过的日子，那里的灯，又亮了多久。

毕业前，我和几位同学去探望老师，顺路去老师家蹭饭。本着在厦大生活了七年的"老腊肉"心态，想着给我这个成天只知道埋头苦干、不会社交的老师上一堂我憋了很久的课。怎知，这个"学生"很是固执。她觉得：作为辅导员，带好学生，引导他们朝着正确的方向成长，做到问心无愧就好了，又何必在乎其他。面对老师如此"幼稚"的回答，我不得已拿出了我的撒手锏："那如果一直这样，得不到升职机会怎么办呢？"她的回答，何其简单，却何其有力量。她答："那又怎样！"是啊，对她而言，除学生之外的其他事情，又怎样呢？她会因为学生身体不适没去上课，一大早拎着一箱牛奶，跑去宿舍探望。她会把考试不及格的学生，一个一个叫来谈心，问问是什么问题，需要什么帮助。她会等其他老师领导都离开，在开车送身患绝症的学生去机场的路上，悄咪咪塞给她一个厚厚的红包，并红着眼问："等你病好了，我要去你家乡找你玩，你会带我去干啥？"学生答："我给你做好吃的。""什么好吃的？"学生笑了起来，说："油泼面。"她们拥抱，告别。回去的路上，"糖糖"老师几乎没说一句话，车里安静得可怕。她会在面对不讲理的家长的纠缠时，第一个打电话给学生，关心学生的安全，当我们反问她"老师您怎么样"的时候，她淡淡地说"我不怕"，那应该是平时做到"问心无愧"带给她无所畏惧的底气吧。是啊，对她而言，除学生之外的其他事情，又怎样呢？只要能在学生困难时帮他一下，在学生堕落时拉他一把，在学生生病时陪他一会儿，看着学生健康成长，顺利毕业，就算得不到晋升，那又怎样。

毕业后，"糖糖"老师来我的家乡出差。我去机场见她，但我们见面的时间不超过十分钟，就是从航站楼到上车点的路程。我想尽一下地主之谊，带她游览家乡名胜，品尝家乡美食，然而她的脚步却未能为我停留。是的，她就这么着急地赶路，带着学生实践队前往要扶贫的县城了……

此刻再想起"糖糖"老师，脑海里都是她伏案工作的情景，我想她桌上的那盆绿萝应该更加生机葱郁了。绿萝的花语是"守望幸福"，老师就在这厦园，呵护着园子里的孩子，也守望着远去的孩子。一如前校长朱崇实毕业典礼讲话提到的："把母校当作是你们人生征途中的一个驿站，当你们在征途上走累了的时候，就回到母校来歇歇脚、喘喘气，加些草料，添些淡水，整好行装再出发。"天涯海角有尽处，只有师恩无穷期。

"糖糖"老师便是厦园驿站的那一盏路灯,照亮求学的路,也照亮前行的路。

"经师"易遇,"人师"难遇。厦园幸遇,幸甚至哉!

作者简介: 刘琳静,女,博士在读,2011年本科就读于厦门大学自动化系,2015年保送本校研究生,现就读于香港城市大学计算机系。

落花有情 化泥无声
——记我的辅导员蔡虎堂老师

◎ 宋江雪

◎ **人物名片：**

蔡虎堂，男，中共党员。现任厦门大学环境与生态学院党委副书记。曾任厦门大学校办秘书，马克思主义学院党务秘书、团委书记、辅导员等。工作期间先后获得厦门大学优秀党务工作者、优秀团干部、暑期社会实践优秀带队教师，厦门市优秀党务工作者，福建省党委系统先进工作者等荣誉。先后主持、参与多项课题，公开发表文章20余篇，合著1部。

蔡虎堂

时光如水，悄然而逝。转眼间我已经毕业半年了，值得欣喜的是，我已经荣幸地成为一名一线城市的人民教师。在工作的这半年里，我多次"暗自欣喜"——我在工作者岗位中面对突发事件的从容、我较为熟练的业务技能、我成熟稳重的教姿教态、我在家长中不错的口碑……我都深深地懂得：除了要感谢那个永不言弃的自己，还要感谢学生时代看似"无情"却深情，看似"唠叨"却大爱无言的您——辅导员蔡虎堂老师。

甘为落花的您，用自己的"铁面无情"力行着止于至善的"有情"。这也给我这名后来的人民教师无限启迪。在个别学生眼中，经常扮演"黑脸"的您可能被误解为"无情""难说话""思维单向度"，但是当我们走进、细听、细看、细想：正是您某种程度上的"严格执行"才让我们得以平安、顺利地度过研究生的三年。

在校期间，学院有一项制度——"离校前请假"，当时不仅学生无法理解，甚至个别老师意见不一。但是，您始终坚持、劝诫我们——制度的灵魂在于遵守，在于保证学院每位学生的人身安全，学生党员和学生干部更要起到该有的表率作用。我知道，包括我在内的部分学生对这一制度是有想法的，也曾误解过您的良苦用心，这位辅导员似乎看来"真无情"啊！真的无情吗？还记得毕业典礼上我们深情告白：曾埋怨象牙塔千万遍，但对这里的爱从未改变。还记得毕业前夕，同学的感叹和恐惧：害怕以后再无人操心自己，找不到组织和归属。我想在这一刻：我们害怕失去这样的"无情"，也享受着您一直以来的挂念与"有情"。我们这群长不大的孩子彼此也会有"内部斗争"。曾经闹了一段时间的"调宿舍"问题，也在您的"不治而治"政策下落下帷幕。我们的态度很坚决就是"要换"，您的态度同样坚决"不能换"——舍友之间的问题属于"人民内部斗争"，完全可以通过协商调解得以解决；况且学会适应社会要从适应宿舍开始,"换"不是上上策。当时的我们心存怨气,将您的良苦用心视为"铁面无情"。待凤凰花开时,我们才真正学会珍惜当初彼此的友谊,才真正意义上理解"我爱你,再见"的同窗之情。感谢您"无情"中的"有情",让我们收获了青春岁月,懂得友谊万岁。

甘为落花的您似乎用唠叨诠释着"润物细无声"。担心我们这群长不大的孩子走弯路、走错路,便每每提及自己的往事,用自己似乎不尽如人意的亲身经历告诉我们应该"怎么想""怎么选择""怎么去做",我们听多了,便觉得是老生常谈、不具有普遍性,但是等我们真正磨砺一番后,却是感慨"老师说的都对"。多么戏剧而温暖的学生时代,多么若即若离、不可或缺的师生情啊。长大后,我便成了您。学着像落花般,学着唠叨,学着奉献。

还记得我们刚入学选导师的苦恼,也还记得学生干部阶段的忙碌与充实,依稀记得求职择业前夕的选择困难期……庆幸的是,学生时代每一个重要时刻——您都在,一直在。在刚入学的那个寒假,我们就要面临师生互选,当时大家都一窝蜂地选某一位"好导师",甚至有学生因为落选而闷闷不乐。当您听闻这个情况,立马召集并提醒我们:要根据自己未来成长规划选择导师,摆正心态,合理抉择,避免扎堆。您甚至还专门与"落选学生"谈话沟通。在当时的我们看来,您的"良苦用心"实则"不怀好意",认为您无法理解学生。一个学期之后,尘埃落定,我们渐渐接受事实,并且也有了自己的发展方向,这时才明白您的"良苦用心",确实是要感谢您在我们迷茫时期给的那一颗"定心丸"。您从来不会说您多么深情地爱着您的学生,关心学生到怎样的程度,却是用"星空不问赶路人"的态度静待花开。对我而言,一个学年的学生工作经历忙碌而疲惫。我虽然曾以消极的态度渴求"不做这个、不管那个、不负责这些"，但每次无论在学生会议还是私底下，您都重复着"今天的努力，只会让你们明天更优秀"这样的话；求职择业期经历着心力交瘁的迷茫，您还是那句"要选择适合自己的方向"，又或者说着"你不适合考公""你适合当老师"诸如此类的劝诫语。可笑的是，在当时的我们看来，这些话语似乎都成了"当头棒喝"。然而，长大后，我就成了您。或者说还没等到出校门，待我们在外求知求学奔波一番，回头一看，转念一想，"幸亏您提醒了我们"，才没让我们这些人生阅历尚浅的"小白鼠"在机会面前扑空。我们知道，您把爱藏在心底，把对学生的挂念藏在心里，没有因为要争名逐利、阿谀奉承而重蹈学生工作的形式主义覆辙。感谢您，让我们班17名学子都凭借自身的实力找到了不错的归宿。我们也深深地懂得：爱拼才会赢！

帕斯卡曾说过，人不过是一根苇草，是自然界最脆弱的东西；但人是一根能思想的苇草。教师可以是一个摆渡人，一个有温度的摆渡人。感谢人生中第一位可能也是最后一位"真正"的辅导员，摆渡我在学习中勤勉认真，摆渡我在工作上果敢从容，摆渡我在生活中温暖细致。还记得工作失误时，您并不会破口大骂，更不会脸色阴沉，而是比往常更加耐心细致，让我可以试错；您时常未雨绸缪，让人可以快速地应对可能到来的事情，面对未知，多了几分从容和淡定；除去工作和学习，生活同样应当是有滋有味的呀。"我看你嗓子哑了，总是咳嗽。""怎么用塑料杯，这个对身体不好。来，我这有一对陶瓷杯，保证合你心意。"暖男摆渡人总是这样，工作中一丝不苟而细致有加，生活中体贴备至而关怀有加。这份如"长辈般"的暖，如三月里的春风，荡漾我心窝。这不就是学生最爱的辅导员的模样吗？

作者简介：宋江雪，女，厦门大学马克思主义学院 2016 级硕士研究生。现为深圳市光明区某中学教师。在校期间曾担任厦门大学马克思主义学院研究生兼职辅导员、团总支副书记等多项职务。曾获得研究生国家奖学金、校级优秀三好学生、吴宣恭科研奖学金、宜信奖学金等多项荣誉。

不负韶华,未来可期

——记我的辅导员乐无恙老师

◎ 李叶子

◎ **人物名片:**

乐无恙,男,中共党员。2004年毕业于北京师范大学,同年入职厦门大学从事辅导员工作,现任医学院团委书记、辅导员,曾任职于经济学院、外文学院。曾荣获2009年全国高校辅导员年度人物200强,福建省优秀共青团干部、高校优秀思想政治工作者、大中专学生志愿者暑期"三下乡"社会实践活动先进工作者等荣誉称号。

乐无恙

还特别清楚地记得 2018 年的 9 月，我怀着对未来的希望，也带着对未知的忐忑，来到了厦门大学。报到那天很热，在小小的帐篷下，我第一次看到我的研究生辅导员乐无恙老师，憨厚又和蔼。

正当我对研究生学习和生活迷茫之际，乐老师召开了新生年级大会，介绍学校学院的各项规章制度，进行安全教育，告诉我们应该如何兼顾学习和学生工作等等，让我仿佛找到了前进的方向，特别是让我知道了，厦门大学有兼职辅导员这一制度，可以锻炼工作能力，提升情商和完善性格。会后，我立马就根据相关通知，报名了外文学院的兼职辅导员，并于 2019 年 10 月连任。可以说，到目前为止，近一年半的研究生生活，就是近一年半的兼职辅导员工作之旅，这一路走来，有欢笑，有泪水，更有收获和成长。

2019 年的暑假，我报名了去贵州的暑期社会实践，乐老师则作为带队老师，一同前往。这短短的几天或许是我和乐老师距离最近的时候，我们一起筹备各项活动，一起去遵义参观红色基地，一起吃学生食堂，一起去散步和做游戏。特别是在聊天中，才知道乐老师大学时喜欢一位学姐，后来追随那位学姐去了北京读研，再后来，就和学姐结婚了，还有了孩子。原来老师在年轻时，曾为爱情这么疯狂和执着过。

后来学院进行了辅导员队伍的调整，乐老师要去带 2019 级本科生，而我则成了 2019 级本科生的兼职辅导员，我要和乐老师一起工作了，真的很开心。他是一个乐天派的人，每次不管什么烦心事，都笑呵呵地，让我也因此放松不少。

在新生教育周，乐老师和我一起给大一学生开年级大会，他放了好多他年轻时的照片，风流倜傥，然后自嘲现在是个有啤酒肚的胖子，告诫学生不要熬夜，爱护身体。他亲切地还向同学们介绍我为"叶子老师"，从此，我在工作中，在校园内，就经常听到学生们叫我"叶子老师"。在教师节的时候，我还收到了来自学生的祝福，这让还是学生的我，无比震撼，也让我萌生了做一名真正的老师的想法。

和乐老师共事，不管事情大小，他都会让我参与其中。还记得有一天中午，乐老师要和新生谈心，我忙完事情后，中途才进去，一进去乐老师就问我是不是没有去吃饭，我说没关系，可以等谈完后再去吃，这时他赶紧给另外一个老师打电话，问她是否还在食堂，能否帮我带一份饭，当时真的觉得很暖心。

军训期间，乐老师每天都会去军训场地，而我则留在办公室处理其他事情。特别记得有一天乐老师生病了，但还是坚持去上弦场，以防学生出现意外情况。当时我主动说"要不我去军训场地那边，您休息一下"，但是乐老师说外面太阳很大，我可能受不了，也担心学生出现状况而我应付不了。总之，整个军训期间，乐老师带病上阵，一天没落地守着新生，让我深受感动。

每当乐老师了解某位学生的情况后，都会和我分享，比如 L 同学是单亲家庭，G 同学和室友不够融洽等，从而让我更加熟悉学生，也让我对那些困难学生和问题学生多多关注；他也非常尊重我这个兼职辅导员，很多的事情都会问我的想法，对于常规工作，说按我自己的方式来就好，让我充分地发挥工作的主动性。

带新生的工作量很大，新生入学后面临着来自生活、学习、人际等方面的挑战，他们的各类问题轰炸式地进入我的手机，因此我有时就会变得烦躁不安。还记得那次乐老师非常担忧地看着我，问我是不是哪里不舒服，还说自己太啰唆，让我别生气，当时我感到无比羞愧。此外，乐老师也很理解我的学业压力，说我如果有作业，就可以多去图书馆学习，不用来办公室坐班。有时候我主动在办公室加班时，乐老师会劝我，先回去休息，第二天再做。但当我走了之后，他自己还在办公室加班。同学们都以为辅导员的工作很轻松，但我知道，辅导员老师们是高校思想政治工作的骨干力量，始终砥砺在基层，奋进在一线，为学生们指点迷津、破解难题，帮助一株株幼苗茁壮成长。

然而时间很快，两个月后，学校进行辅导员队伍调整，把乐老师调去了另外一个校区，离别之际，乐老师送了我很多东西，比如茶叶和小零食。难过之余，我只能祝乐老师在新的工作单位一切顺利，好好保重身体，乐老师则祝我在百年校庆之时，踏入职场，成为白领佳人。

现在，我还是在原来的岗位，继续担任着外文学院的兼职辅导员，跟新的辅导员吴珊珊老师学习如何立德树人、服务学生、发展学生。吴老师是一位很温柔的女老师，关心我的个人生活和未来规划，还帮我减轻期末考试压力，因为她自己不管遇到什么，都很积极乐观，这些品质也深深感染和影响着我。

正值辞旧换新之际，听着习近平总书记的新年贺词，我细细思考过去的一年，不禁感叹时间飞逝，回顾起来，一点一滴都是辅导员老师们的温暖，他们对我的学习和生活给予无微不至的关心和帮助，让我骄傲地成长为厦大学子。我要将他们的工作继续下去，本着"以学生为本"的态度，在2021年厦门大学百年校庆之际，光荣地成为一名高校辅导员老师，将乐老师和吴老师身上的精神继承和发扬，为党育人，为国育才，努力培养德智体美劳全面发展的社会主义建设者和接班人，为国家富强、民族振兴、人民幸福贡献一份力量。

作者简介：李叶子，女，中共党员。厦门大学外文学院2018级英语口译硕士生。自入学以来，于2018年10月至2019年7月担任外文学院2015级本科生兼职辅导员，2019年10月至今担任2019级本科生兼职辅导员。曾获得厦门大学优秀学生干部、暑期社会实践积极分子荣誉，两次获得外文学院优秀共产党员称号。

有一种信仰叫辅导员的坚守
——记我的辅导员蒋慧琼老师

◎ 秦 妍

◎ 人物名片：

蒋慧琼，女，中共党员。2007年起从事辅导员工作。现任厦门大学公共事务学院团委副书记、辅导员；兼任学校思政课教师。国家高级职业指导师，承担学校职业生涯咨询室咨询工作。曾获得福建省高校优秀辅导员、厦门市高校优秀辅导员等荣誉称号。

蒋慧琼(左)和秦妍(本文作者,右)

只有启程，才会到达理想的彼岸；只有播种，才会有收获的那天；只有拼搏，才会有奇迹出现！ 2014年9月，怀揣着激情和梦想的我来到了集学识、美丽与权威于一体的厦门大学，开启了我的博士生涯。 博士，是一个令人向往已久的高学历代名词，也是我自小就立志要实现的梦想。 但是，读博不只是外人看起来的光鲜亮丽，只有经历过的人才深知道阻且长。 不过既然选择了这条路，便只顾风雨兼程。 正所谓志之所趋，无远弗届；志之所向，无坚不入。 在梦想和知识的牵引下，我来到了美丽的厦门大学。

那天厦门晴空万里，艳阳高照，好像在以最炽热的怀抱迎接着我们。 三面环山，面朝大海，中西合璧，典雅秀丽，有颜值、有底蕴、有品位，这就是这座高等学府给我的第一印象。 充满激情，热情似火，这是大学的温度；自强不息，止于至善，这是大学的高度；兼收并蓄，博采众长，这是大学的气度；百年学府，文韵绵长，这是大学的厚度；问鼎九天，科考入海，这是大学的深度；文理商法，门类齐全，这是大学的广度。 厦门大学以开放包容的胸襟和海纳百川的气魄，孜孜不倦，教书育人，为国家培育栋梁，用知识造福一方。

在美丽的厦大读书，是一种精神和物质的双重享受。 来自祖国大江南北及海内外的莘莘学子汇聚于此，聆听大师的教诲，渐悟南强的校训，感悟丰富多彩的人生。 在这里，除了有学识渊博的教授和众多优秀的同学之外，还有敬业负责的辅导员。 我的辅导员蒋慧琼老师，是一位善解人意、精力充沛、热情耐心的好老师，从我进厦大那天开始，就注定了我与蒋老师此生的师生缘分。

还记得第一次见蒋老师，是在新生座谈会上，蒋老师给我们介绍厦大的悠久历史和学院的师生情况。 她总是从容不迫，侃侃而谈，既有着母亲般的亲切温暖，也有着辅导员特有的稳重干练。一方面，她总是面带微笑，眼神是那么慈祥，让同学们如沐春风。但就是这样的蒋老师却有着体育健儿般的素质，她专业地指导学院的同学，在校运动会上摘金夺银。另一方面，由于蒋老师身兼数职，是研究生和博士生辅导员，所以蒋老师总是异常忙碌，但再忙，对学生也是高度负责的，无论学生遇到什么困难，蒋老师都会竭尽全力去帮助解决，会细致耐心地给学生安慰。她让一颗颗远离家乡、远离父母的心灵感受到了家的温暖和亲近。

在蒋老师每天忙碌的辅导工作中，发生着许多令人感动的故事，有的故事足以影响学生的一生！有一件事让我终生难忘。2016年9月15日，在特大台风"莫兰蒂"正面袭击厦门的当天凌晨，狂风怒号，电闪雷鸣，暴雨大作，窗户被豆大的雨滴敲得直响，门外好像有股巨大的推力要将门掀开，狂风好像要把整座学生公寓给刮走，庭院的树木因经受不住巨大的风力而被连根拔起……那一刻，本来就胆小的我直吓得瑟瑟发抖、不敢动弹。就在此时，手机信息铃声响起，我看到蒋老师给大家发的信息——"大家不要慌不要怕，要保持冷静，再次检查门窗，觉得还有安全隐患的，直接跟老师说。无论发生什么，我将一直和大家在一起。同学们请相信，我和学院的刘书记、林副书记、所有辅导员都在学院这边，如果有突发事情，我们会第一时间到达。"这条信息就像根救命稻草一般，顿时让我焦躁、恐惧不安的心平静了下来，当台风过后，我也安静地进入了梦乡。第二天当我打开门窗，映入眼帘的场景简直是惨不忍睹。整个学校满目疮痍，昔日最美丽的大学被台风蹂躏得狼狈不堪。但神奇的厦门，伟大的厦门人民，强大的人民子弟兵，坚强不屈的厦大人，勠力同心，众志成城，在不到一个月的灾后重建后，厦门就又恢复了高颜值，厦

门大学依然是全国最美的大学。岁月抹去了台风给这座城市带来的伤害，而当年的那些记忆，却铭刻在了经历过那场灾难的人心里。

桃李不言，下自成蹊。立德立言，为人师表。蒋老师不仅是我们生活中的指导者和引路人，也是我们学习成长的人生导师和知心朋友。做学生的思想教育工作，是蒋老师的一项重大工作任务。借着这样的机会，我经常会和蒋老师谈我的学习生活情况，也告诉蒋老师我的困惑与迷茫。与蒋老师的每一次交谈，都像是心灵的一次充电，让我的思想更趋成熟，办事更加稳重，步伐更加坚定。我是班上的组织委员，是一个特别积极活跃的人。别的博士都一心专注于学术研究，而我除了钻研学术之外，也非常喜欢参与学校、学院组织的各项活动，因此就显得"与众不同"，但也就多了同我的辅导员蒋老师更多沟通交流的机会。有的人认为，对于博士生来说，大部分老师都会说好好做你的科研，学校学院组织的那些活动都是为拓宽本科生、研究生的素质而开展的，你一个博士总是瞎折腾什么呢？但蒋老师却不同，无论何时何地，只要我愿意参加，蒋老师总表示欢迎和赞赏。当我获得一定的成绩时，她会真心祝贺我、鼓励我、表扬我，会为我感到骄傲自豪。她的平易近人和鼓励支持，让我对学习生活更有激情和自信，而我也愈加钦佩和敬重蒋老师的行事为人。

当然，蒋老师也会给我创造很多展现自己才华的机会。每次学院组织大家集体观看党和国家的重要活动、重大会议的直播，学校都会安排记者来采访，蒋老师总会让我代表同学们去接受访谈，因为她始终相信我行；还有在众多会议上的发言，如在全校吴宣恭科研奖学金表彰大会、学校纪念长征胜利80周年大会、学院党员组织生活会上的发言等，也就让我去。我也因为参加此类活动而获得了众多的奖项，如厦门大学抗御台风"莫兰蒂"优秀志愿者、校级优秀共产党员、校级"三好学生"等荣誉。蒋老师认为我的党性强,思想觉悟高,理论功底扎实,知识储备丰富,所以蒋老师给了我太多锻炼的机会。

正因如此,当我参加工作以后,尤其是在党政机关工作,我总是特别地有信心,正是那股自信,让我在全市纪念五四运动 100 周年和全县庆祝中华人民共和国成立 70 周年的演讲比赛中,均获得了一等奖;每次开会发言也都与众不同,很多人都会投来赞许的目光,也改变了以往人们对博士"只知学术研究而不食人间烟火"的定位,实际上博士也可以"美貌与才华并重,气质与智慧同在"。而这正是当年蒋老师的真挚关怀、特别鼓励和倾力支持,造就了今日之我。

2019 年 8 月,蒋老师暑期带队走访贵州选调生,第一站就选择来到了我所工作的地方——贵州省普定县委办。当时,再见母校师生,与蒋老师再相逢,内心是无比激动和兴奋。在与县领导的座谈会上,蒋老师向县领导详细了解我的工作生活情况,也让领导多关心和支持厦大毕业的学生,并对我说,母校永远是我的坚强后盾,这让我感到无比温暖。

蒋慧琼老师一行与普定县领导座谈

当时，我在基层工作只有半年多的时间，尽管还不能完全熟悉县情民情，但蒋老师的叮嘱时刻萦绕在我的耳边，母校的教诲时刻记在心里——干任何事情都不能眼高手低，好高骛远，要立志干大事，但首先要做好小事；一定要学会谦虚，高调做事，低调做人。见贤思齐，见不贤而内自省；要有"板凳要坐十年冷，文章不写半句空"的恒心和意志，来书写属于当代青年的精彩篇章。正因为如此，厦门大学培养出来的学生一定是能够为母校、为老师争光的人才。

当年母校鼓励我们到基层去，到祖国最需要的地方去，因为祖国终将会选择那些选择了祖国的人。基层，是最能同广大人民群众联系在一起、倾听群众心声、培养真挚人民情怀的地方，也是丰富阅历、积累经验、提高能力、磨炼意志的地方。只有扎根基层，方知百姓疾苦，方懂百姓冷暖。马克思说，如果我们选择了最能为人类福利而劳动的职业，那么，重担就不能把我们压倒，因为这是为大家而献身；那时我们所感到的就不是可怜的、有限的、自私的乐趣，我们的幸福将属于千百万人，我们的事业将默默地、但是永恒发挥作用地存在下去，面对我们的骨灰，高尚的人们将洒下热泪。选择"最能为人类福利而劳动的职业"，这是每一个有志青年的追求，这种崇高的精神和境界，让我们在面对困难和挑战的时候，能够敢于亮剑，从容应对。

母校给了我们梦想和知识的武装，蒋老师则给了我们直接的信任和鼓舞。在学校，蒋老师是学生灵魂的导师；工作后，蒋老师的教导则会伴随我一生。学高为师，身正为范。文以载道，以德育人。蒋老师以细致用心用情的教学方式，给予学生最耐心的指导和无私的帮助；以自己崇高的道德风范，引导我们度过了充实而忙碌的四年。蒋老师的一言一行为学生树立了模范榜样，她让我们从内心深处觉得，有这样一位老师潜移默化中，成了我们心中最崇高的形象。

我的辅导员蒋老师就是这样一位恪尽职守、无私奉献、可亲可敬、一切为学生考虑的人。在她的眼中，所透露出的永远是对学生的大爱，蕴藏的是教书育人的哲理，传递的是至诚炽热的温暖。爱心就好像一束沁人心脾的希望之光，让自卑者获得自信，让悲观者变得乐观，让无望者看到希望。生活中，有太多人在自己平凡的生命中感动着别人，在普通的工作中造就着不凡，正如我的辅导员一样。人才的成长离不开辅导员们如蜡烛般的默默奉献，离不开他们身体力行的表率示范。他们和国家功勋荣誉获得者一样，长期做着隐姓埋名人。虽然在他们身上没有干出什么惊天动地的大事，但不可否认的是，惊天动地的事业也有他们的一份功劳。这就是平凡所孕育的伟大，这就是辅导员的坚守和信仰！

未知的远方充满挑战，前进的步伐从未停止。作为一名共产党员要永葆自己的初心，作为一名南强学子要永远铭记母校"自强不息、止于至善"的校训，始终坚守我们来到这片热土的初心。为人民幸福而努力，为民族复兴而奋斗，是母校教给我们的大爱和担当；工作中恪尽职守，默默奉献，是蒋老师以言传身教的方式，让我们学会了爱岗敬业，学会了在工作历练中锤炼品格，在问计于民中增长才干，在红色传承中塑造灵魂。好风凭借力，奋进正当时。今后，我将搭乘新时代的强劲东风，用实际行动去践行入校时的庄严承诺——今天我以母校为荣，他日母校则以我为荣！

作者简介：秦妍,女,1987年8月出生,甘肃康县人,2014—2018年在厦门大学攻读政治学专业博士,毕业后成为贵州省的定向选调生,现在贵州省普定县委办工作。

丹心热血沃新花
——记我的辅导员郑晖阁老师

◎ 杨 雷

◎ **人物名片：**

郑晖阁，女，中共党员。现任厦门大学信息学院研究生秘书。曾从事一线辅导员工作14年，具有丰富的学生工作经验，坚持以生为本，深受学生喜爱，曾获得2011年全国高校辅导员年度人物提名奖，2016年福建省大中专学生志愿者暑期"三下乡"社会实践活动先进工作者等多项荣誉。曾发表过多篇论文，所撰写的《大学生手机上网行为特点与思想政治教育对策思考》一文获得2011年度全国高校辅导员优秀论文一等奖；主持或参与过国家、省级、校级多项课题项目，撰写的多篇工作案例获得厦门大学学生工作典型案例二、三等奖。

郑晖阁

不知不觉离开校园已经 8 年多了，时光荏苒，每每触碰母校相关的东西，满满的回忆总是扑面而来，犹如一沓沓画册，随手翻开一页总是能找到生活的源泉和动力。

我上班的时候会路过几条小街，每每看到老奶奶耄耋之年仍在寒风中卖早餐饼，看到那些花季少年穿梭于马路上如织的车流中兜售鲜花，看到那些头发花白的环卫工人疲惫地蹲在路边闭目养神抑或吃着自带便餐的情形，我心中总有一种说不出的滋味。生活的艰辛和不易渗透进了我灵魂深处。许多年前，我的父母过着比他们更为艰辛的生活，我自己一路走来也经历了诸多不易。幸运的是，我努力学习，考进了厦大，在母校老师和同学的陪伴下涅槃重生，完成了人生的第一次重大转变。我不敢想象，如果没有那位我熟悉得再熟悉不过的姐姐般的老师——郑晖阁的引导和关爱，如果没有在厦大这片肥沃的土地上努力成长，我的命运又会是怎样呢。

"感恩、责任、奉献"是母校 90 周年校庆的主题词，它们就像"自强不息，止于至善"一样，是流淌在我们每个厦大人身上的血液，使我们散发着厦大的独特气息，怀揣感恩的心，懂得奉献，敢于承担对家庭、社会、国家的责任。要具有这样独特的气息并不容易，每一个离开校园走进社会的同学身上都凝聚了学院学校诸多"园丁"的"丹心热血"。郑晖阁老师就是这样一位"园丁"，她是我大学期间的辅导员，她更像我的一位可敬、可亲、可爱的姐姐，她言传身教、呕心沥血，以大无畏的精神、尽职尽责的工作态度、阳光向上的生活理念，陪伴我们度过了快乐而充实的大学生活，帮助我们完成了人生的第一次重大转变。

懂得奉献与付出，才会有真正的收获

2006年9月，跨越了半个中国，我来到了厦大漳州校区，此时我心中对大学生活充满了如炎夏般火热的极度渴望，期待在大学里"大显身手"。很快开始的严酷军训并没有挫败我的锐气，随后激烈的班干部选拔让我铆足了劲儿要一试身手。报名、筛选、情况摸底、面试公告，团总支的师兄师姐们精心为我们这些新生们准备着这场精彩的剧目。提交申请表、相互了解、准备面试……同学们都为自己心中的目标准备着。"高中三年都是主要班干部，又是正式党员，这个班长，我志在必得"，我心中暗自盘算着。面试开始了，"你对班长这个职务是如何看待的？""如果你当选，你会如何开展工作？"……团总支委员们一个一个问题轮番袭来，我从容面对。"如果当选不了班长，你愿意接受其他职务吗？"当时心高气傲又对班长这个职务志在必得的我想也没想就回答了"不愿意"。在欣喜和焦虑中度过了几天，我终于等到了公告，看了几遍都没有我的名字，我仿佛一下子从天堂掉到了地狱，大学里的第一个挫折就这样和我不期而遇了。

接下来的几天里，我犹如失魂一般。自认为"优秀"的我无论如何都想不通为啥自己不能当选班长职务。在纠结与无奈中度过了几天后，我还是鼓起勇气去找郑老师谈谈。记得当时是晚上，郑老师在办公室加班，她放下手中的活儿，耐心地听完我的"申诉"后，并没有指责或批评我，而是意味深长地说了句"你只看到了这个职务，却没有明白这个职务背后的责任和义务。懂得奉献与付出，才会有真正的收获啊"。郑老师一语点醒梦中人，"懂得付出才会有收获"，这是我大学生涯上的第一堂有意义的课。

那件事情以后，我认真反思了我的想法并决心做出改变，逐渐转变自己的做人做事的态度和方式，慢慢地赢得了同学和老师的信任。凭借党支部和团总支平台，我在系里承担了自己应尽的责任和义务，同时我也获得了成长，收获了一份难得的人生经历。

懂得感恩的人才会发现生活的美好

2007年夏，这又是一个炎日的夏日，但我的心情却无法像每日的天气那样热情似火。当时我和妹妹都在上大学，家里经济非常紧张，爸爸妈妈在家里一直勤俭节约供我和妹妹上学。不幸的是，由于生活不规律加上营养不良，妈妈患上了慢性胃病，到处就医也并未好转。常年吃药加上心情压抑，妈妈觉得她的病拖累了我们，所以在爸爸外出的时候服农药自杀了！幸亏发现及时，妈妈被紧急送进了县人民医院。听到这个消息的时候，犹如晴天霹雳一般，我的世界仿佛一下子失去了重心。

匆忙赶回家里，看到爸爸憔悴的面庞，我已经明白了一切。妈妈生死未卜使他感到深深的内疚和自责。在他把能想到的办法都试过后，首期几万的治疗费用仍未解决，差额甚大。那一刻我多么想痛哭一场，但是我知道我必须坚强，也只有坚强面对这一切，我们才有最终战胜一切的希望。

回到学校后，我抑制不住内心的那份担忧和痛苦，想到家里的难处曾一度有辍学的想法，上课也没有心思，一度消沉。郑老师了解到我的情况后，她鼓励我一定要坚持，不要放弃，要像我们校训一样要"自强不息"，人穷心不穷，志坚心不衰。那一刻她就像我的知心姐姐一样，让我充满了对生活和学习的希望，坚定信心渡过这个难关。后来她又号召全系同学为我捐款，同时也鼓励我申请助学金。"皇天不负有心人"，在 ICU 里面待了 28 天后，妈妈终于脱离了生命危险，慢慢地康复起来了。

当时郑老师温暖的笑容和那些深情的话语，让我一辈子都无法忘记。记得郑老师还说过，"懂得感恩的人才会发现生活的美好"，她希望我能走出来，阳光地面对生活。"自强不息，止于至善"，带着老师和同学们给我的这份厚礼，我怀着一份感恩的心态更加努力地"经营"自己的大学生活，加强学习，积极主动做好学生工作，力所能及帮助同学们，我希望我的努力能对得起大家的那份真心真意。

责任，就是要敢于担当

刚进入大学时候，我们全系同学就三个学生党员，我算是其中一个，我们和大二的学生党员一起组成了一个党支部。郑老师对我们支部党员的要求格外严厉，除了学习成绩要名列前茅，还必须在生活方面、学生工作方面起到很好的榜样作用。那时候郑老师经常对我们讲的一句话就是："责任，就是要敢于担当，要有所为有所不为。"党支部会定期举办"侃吧"主题支部活动，同学们聚在一起，选取一些当前社会热点话题，讨论交流对这些话题的看法，再由我们邀请的嘉宾老师进行点评。那时候每场活动现场爆满的场面和同学们观点激烈交锋的情景，我现在都还记忆犹新。这些活动，不知不觉中对我们起到了潜移默化的影响，引导我们和同学们保持密切联系，让同学们对学生党员有了更加深刻的认识，党支部工作也开展得顺利而有序。

岁月会抹去我们很多故事，但是有一些记忆终将伴随我们直到永远。这么多年过去了，在漳州校区生活的那两年是我过得最充实、最有意义的一段时光。那是凝聚了郑老师心血和智慧的阶段，引领我们快速成长，逐渐适应大学生活，转变思想，树立正确的世界观、人生观、价值观，我们一生都将受益匪浅。

谢谢您，郑老师！

作者简介：杨雷，四川眉山人，本硕均就读于厦门大学信息科学与技术学院自动化系。2013年毕业后入职中国建设银行金融科技部成都开发中心，现就职于建信金融科技有限责任公司成都事业群。在校期间曾先后获得过中国大学生"自强之星"、福建省优秀学生干部等荣誉称号。

知心兄弟

——记我的辅导员黄木河老师

◎ 魏斌斌

◎ 人物名片：

黄木河，男，中共党员。现任厦门大学化学化工学院实验室安全秘书。2009年毕业留校从事辅导员工作，曾任厦门大学化学化工学院团委副书记、福建连城工业园区管委会副主任。作为学生的知心兄弟，他以学生为先，悉心陪伴学生成长，赢得学生的喜欢、支持、信任和理解。曾获第三、第四届中国"互联网+"大学生创新创业大赛优秀创新创业导师奖，厦门市区人大代表换届选举厦门大学选区工作积极分子，连城县优秀共产党员，厦门大学优秀辅导员、暑期社会实践优秀带队教师、本科生科创竞赛工作先进个人等荣誉称号；所撰写的论文曾获福建省高校创新创业教育改革与就业指导服务研讨会优秀论文奖。

黄木河

时光荏苒，岁月如梭。记忆的雪花翩翩起舞，思绪重新定格在凤凰花开的季节。2015年研究生入学时，我对未来充满着期待和信心，也对陌生的环境感到少许的不安。在这山海花园拥簇的厦园里，我有幸遇到了许多改变我人生命运的好老师。其中，对我影响最深刻的莫过于我的辅导员，他就像我的兄弟一样。在我科研、生活顺利的时候，他为我高兴，我们煮茶言欢；在我失落难过，遇到困难的时候，他为我开导引路，让我五年的厦大求学时光不再孤独枯燥，而是充满了欢欣与鼓舞。

"催化"

在化学反应里，催化剂可以提高化学反应速率而不改变化学平衡。催化剂的存在，可以更好地启动一个苛刻的化学反应，促进原材料向产物的转变。

第一次见到黄老师的时候，他的干练且不失亲和的气质给我留下了深刻的印象。在我眼里，他一定是一个很好相处的老师。班会上，黄老师就是我们全班同学的催化剂，让来自五湖四海的我们在这个班级里聚集、"碰撞"，共同度过研究生时光。在黄老师的鼓励下，我鼓起勇气参加了班委和党支部书记的竞选。在成为班长和党支部书记后，我也有了更多的机会和黄老师在一起学习和交流谈心。黄老师一向重视我们学生的创新能力和综合素质，给我们提供了许多参与创新创业的宝贵机会。

黄老师在生活和学习上对我的关心，让我感受到了温暖和亲切。同时，黄老师也是我成长路上的催化剂，辅助黄老师开展相关学生工作的过程，也让我从稚嫩变得成熟，使得我的思维和办事能力都有了一个更高的提升。研究生第一年我基本上完成了所有的课程学习，第二年开始自己的课题研究后，重心便发生了很大的变化。黄老师对我的要求和期望，也从原先的上好课变成了做好科研，同时要做好同学们的"勤务兵"，为学院及学校做出自己的贡献。

作为研究生，我面临着众多的人生抉择，以后读博还是工作？该怎么独立自主做好科研项目？科研之余我还能做什么？幸好，黄老师热情地接待了迷茫的我，对于我初萌芽的读博想法，详细地分析了读博的优势和挑战，使我的读博之路在一片迷雾之中慢慢变得清晰。纵使明白前路艰险，但我也有了更多的信心。要成为一名优秀的科研工作者，光靠提升做实验的能力是不够的，同时也要高效的工作效率和信息丰富的交流平台。黄老师高度重视学生科研能力与创新创业能力的训练，积极营造浓厚的创新和创业氛围。在黄老师的支持下，我积极参与各个学术论坛。我还记得我第一次在学术论坛做报告的前一夜曾因紧张而失眠，但黄老师大半夜仍然给我鼓励打气。他的一句"我相信你"让我有了更多面对各路专家的勇气。

"聚合"

科研的路上，有成功的喜悦，也有失败的低落。这条路充满了荆棘和辛酸，但每一次失败，都让我离成功更近一步。科研并非毫无目的地做实验或者靠天吃饭的"技术活"。相反，科研重视章法、创新和系统性思维能力的培养。我记得黄老师曾对我说的，科研人才的成长就像聚合反应，一次次实验就像反应容器中的一个个小分子，是把低分子量的单体转化成高分子量的聚合物的过程。由简单变复杂，由迷茫变坚定，由幼稚到成熟，聚合的是思想、聚合的是能力、聚合的是知识。只有把一次次实验的结果进行准确的记录、深入的剖析，再结合已有的研究论文进行分析对比，才能慢慢摸出其中的道理，为下一步更大的创新打好基础。每当我实验失败的时候，他都会告诉我：大部分科研成果的诞生应该是水到渠成的必然结果，即便有运气成分，但这也不是左右一个科研人员进步的原因，鼓励我从不同的角度出发去寻找原因，思考解决的方案，我受益匪浅。

科研之外，黄老师更加注重培养学生的思想品德和综合素质。这是作为一个新时代学生的基本要求，也是融入社会的先决能力。开展支部工作过程中，黄老师鼓励我认真履行好职责、当好支部带头人，同时要求我勇于创新，突破自我，积极探索新途径、新方法。在黄老师的支持下，我大胆创新，以"科研助力中国梦"为大主题，结合"固定党日＋"活动，开展系列思想政治教育、青年千人交流、教育热点问题讨论、卢嘉锡故事重温与精神传承等特色支部学习会与交流活动，引起强烈的反响。

黄老师作为我们的辅导员，最关心的问题莫过于我们的健康成长。作为化工系的一名研究生，每天都要和各种各样的设备、药品打交道。全国每年各类安全事故层出不穷，黄老师每次班会或者和我聊天时，强调得最多的就是实验安全问题。给我印象最深刻的，就是黄老师说的：把人生比成一串数字，生命是前面的第一位数，成果是后面的数位，只有第一位数不是0，后面的数字才有意义。这也让我改正了一些不良的实验习惯，并要求师弟师妹们严格遵守实验室安全准则，规范操作实验。在我担任安全员的这几年时间里，我们实验室没有发生任何一起安全事故。直到今天，每当我看到新闻上那些高校实验室的安全事故时，都会在心里默默感谢黄老师的谆谆教诲。

当我回首科研生涯时，我发现我收获的不仅仅是科研能力，同时还有高度的乐观精神、浓厚的家国情怀和丰富的工作经验，明白了吾辈何以为战，该怎么去战斗。长期待在实验室的博士生，难免会成为两耳不闻窗外事的书呆子，但是黄老师的聚合反应，让我在科研之余汲取了很多知识，这有助于我从单一的单体转化为对社会有用、对国家有用的多功能的材料。

"精馏"

"精"字，是科研的重点。精确把握科学规律，是科研的意义所在。"精"字，也是工匠和科学家之间的差距。工匠精神是做科研的基础，如何精确地得到具有一定前提条件的普遍科学规律，是研究生期间要重点培养的能力。不论是思政还是科研方面，黄老师十分注重培养我们把事情做精做细的能力。从海量的文献和数据中提取出重要的信息是高效科研的支柱。同时，在学生和社会工作中，也要能够推动精准化工作、打造精品化活动、落实精细化服务。黄老师强调和提倡的"精馏"，让我受益匪浅，也是我在自己研究领域做出一系列成果的重要基石之一。

读博第四年，即将走出校门的我，是继续深造追逐自己的梦想，还是找一份工作成家立业，这一现实摆在了我的面前。陷入迷茫的我，再一次找到了黄老师。和往常一样，他热情地接待了我，肯定了我研究生时期的工作能力，告诉我人生应努力不留遗憾，在有条件的情况下应当有梦就追。他也相信以我的能力可以做到家庭和事业的两全。除了精神的支持以外，他在百忙之中也提供了很多高校招聘信息给我，这有助于我找到一个心仪的博士后岗位，在这平台上继续我的科研逐梦之路。

当我走出校门，前往更高的平台的时候，曾经那个懵懂的科研菜鸟，已经成长为一只充满力量的雄鹰。在和黄老师告别的时候，面对着他温情且又不舍的眼神，我暗暗告诉自己，日后一定要像黄老师一样，在逐梦的过程，点燃自己，用自己的光华，为后来者开路。

在厦大，能够遇见这样一位亲如兄弟的老师，实属幸运。时光匆匆流逝，曾经的欢声笑语仿佛就在耳边，就在昨天。这五年，黄老师见过我们笑，也见过我们哭，无数的酸甜苦辣编织了我们求学时光的画卷。我们一天天成长，然后毕业各奔前程，心中是对过去的不舍，亦是对未来的憧憬。这五年，黄老师那一句句谆谆教诲，将永远铭刻在我的心头。师恩难忘，黄老师是我的榜样，我将更加坚定地做好科研，报效国家和社会。

作者简介：魏斌斌，河南洛阳人，硕博均就读于厦门大学化学化工学院，获得工学博士学位。2020年7月进入清华大学深圳国际研究生院从事博士后研究工作。曾获得国家奖学金、厦门大学鹭燕奖学金，以及校级优秀研究生安全员、优秀心理委员、优秀三好学生、优秀毕业生、优秀共产党员、优秀学生干部等荣誉。

忆南强 话吾师
——记我的辅导员赵小姝老师

◎ 田凯锋

◎ **人物名片：**

赵小姝，女，中共党员。2011年起从事辅导员工作。现任厦门大学经济学院团委副书记、辅导员。曾负责学院文艺、心理、创业、研究生会等工作。个人获评福建省高校辅导员素质能力大赛三等奖、厦门大学优秀辅导员等荣誉。

赵小姝

毕业季的话语总是说不尽道不明，我与恩师的故事亦如是。我有幸在这所素有"南方之强"美誉的高等学府求学四年，其间遇见了几位对我影响深远的好老师，这对我而言，更是一番殊荣与馈赠。其中，对我在大学期间的生活、思想关心最多的，莫过于经济学院赵小姝老师了。

我在毗邻闽江的窗边凭栏而望，执笔写下此篇回忆录，而此时，已是我毕业的第五天。仿佛是站在悠长的时光长廊上向前漫溯，毕业后的我回想起赵老师，又平添了几分悠远岁月的景深和无边世界的坐标感。

毕业呀，老师和同学在哪里，母校就在哪里。

大一军训时，赵老师作为军训指导员带训我们一营二排，彼时我着军装坐在上弦场的炎炎烈日下，老师路过，见我坐在地上沉默寡言，问道："你，愿意起来带操么？整整衣服，列队了！"我大感惊异，遂从地上爬起来，拍拍衣服上的泥土，走上前去。便是四年前这一句话，结下了我与赵老师的师生缘，赵老师也成为我步入厦门大学最早认识的老师。我第一次带完列队，信心倍增，于是毛遂自荐，和我的舍友，一名绰号"大师"的来自天津的同学，共同担任二排排长。平日里训练，火辣辣的艳阳高照，苦得很。初来学校，不免想家。赵老师偶然得知后，一日训练后，主动与我联系，谈学习，谈生活，微信聊天直至深夜，结尾，用宛若大姐姐般的语气，和我道晚安。这是大学军训给我留下的最温暖的回忆。

大一第三学期，赵老师带我们金融国际化试点班同学赴台北交流学习。我们舟车劳顿，参访位于台北101大厦的台北证券交易所，以及台北当地的房地产企业与节能环保科技企业。我印象最深的是赵老师在带队过程中时刻强调大局意识，并非说教式的刻板灌输，而是在繁华市井、街景巷陌的游历中，润物无声地传递给我们。

大二第一学期，我经赵老师推荐，成为经济学院主持队第一任队长，在赵老师指导下，每周日晚带领主持人队同学例训。其间，我还与文艺中心其他部门合创了大学生线上校园有声微信平台——经苑青听。我们团队不懈努力，荣获校园示范性网络文化工作室称号。还记得老师带着我们，连续奋战两个多月构思创作以王亚南先生事迹为题材的历史情景剧《亚南故事》。王亚南先生是我国近现代著名的经济学家，他与郭大力共同翻译了《资本论》，将这部著作首次引进中国，为我国革命和新中国经济学发展奠定了重要的理论基础。《亚南故事》从剧本编写到后期舞美，均凝结我们师生近二十人共同的汗水与泪水：为让剧本创作更加贴近史实，我们专门围绕着王亚南先生的治学精神访谈经济学教授张兴祥老师；同学们每周末挤时间在经济学院一楼大厅排练；从无到有制作演出背景音效与背景墙视频；更有师生因紧张的排练喉咙疼、发烧了，我们肩并肩，一起克服重重困难，未曾言弃。最终，《亚南故事》于2019年在建南大会堂举办的"经院好声音"舞台上取得了巨大的成功。

大二第二学期，我申请并有幸入选国家留学基金委公派留学生项目，赴澳大利亚阿德莱德大学交流一学期。临行前，赵老师百般叮嘱，并邀我在勤业餐厅共进午餐，亲自为我饯行。在澳大利亚的半年时光里，赵老师生怕我到了异国他乡，一者思乡情切，二者年少难以辨别诱惑，在思想上发生波动，故而常常发来跨洋问候，了解我在国外的专业学习进展和假期旅行见闻，也饶有兴趣地听我分享成长体悟。有志者，不以山海为远，厚重的师恩，何尝不是如此呢？

大三第一学期，我开启了长达两年的法律硕士备考之旅，备战北京大学国际法学院；这期间虽然没有再从事学生工作了，但仍旧受到了老师一如既往的关心。这种支持，主要体现在对我备考心态的安抚和奋斗精神的鼓舞。老师鼓励我在备考期间抽出时间，作为厦门大学四名学生代表之一，参加由教育部主办的"读懂中国"高校师生朗诵节目录制活动，赴京三天。彼时临近春节了，适逢寒冬，零下十余摄氏度，老师特意叮嘱清华大学的师姐代为照顾我。在节目录制任务全部结束的空闲时间里，师姐带着我，徜徉在清华园宽阔舒雅的林间小道上，途经水木清华的景致，水面早已结冰，林寒涧肃，往来的是抱着课本学习的学生，感慨之余，我愈发坚定了考研拼搏的斗志。师姐曾经也是赵老师带的学生，师姐回忆起她和赵老师之间的温暖点滴，她眉宇间自然流露出来的微笑，和嘴里吐出的热气一道，都融入这北国古都的隆冬寒风中了。其实，师生缘，又何尝止步于师生之间呢？师姐弟之间，因老师这一共同纽带而联结起的学术传承和成长交流，仿若一条流淌着的河流，源源不断，从依山傍水的厦门大学芙蓉湖畔，绕过水木清华门前的潺潺小溪，流淌过未名湖博雅塔前的杨柳依依，流向更远的地方。

大四第一学期，考研鏖战前夕，老师与我偶遇，关心我近况，我面露难色，老师爽快邀我结伴而行，她推着嘎吱作响的自行车，我背着厚厚的书包，走过悠长的芙蓉隧道，漫步到学生公寓另一头，老师为了疏解我紧张焦虑的情绪，送给我"按部就班、轻装上阵"八个字的考研祝福语。而当我金榜题名，成功以复试第一名的成绩被北京大学国际法学院录取时，老师言语间洋溢着说不尽的喜悦。那一刻，我知道，她为我而感到骄傲。那种骄傲，好比母亲陪伴长大成人的孩子，在临行前送他去远方的时候，望着初升起的旭日下孩子渐行渐远的背影时，既不舍又自豪的情愫。

"孩儿立志出乡关，学不成名誓不还。埋骨何须桑梓地，人生无处不青山。"

当然，老师平日里更多的是批评我，引导我。她对待学生工作事务那极其尽心负责的态度，我至今不能忘怀。每次在经济学院大榕树下的老师办公室里听起训导时，我都战战兢兢。当我回到宿舍，久久不能平静。严师出高徒，我虽称不上高徒，但赵老师在对待学生工作的事情上，绝对堪为严师。我感谢她的严厉，让我不断向前。

毕业季临行的前一个晚上，我有幸与赵老师一道，作为朗读者，在母校"庆端午，迎百年"芙蓉湖诗歌诵读会献上朗诵。我所参加的四人集体朗诵节目的作品，是由厦门大学资深文科教授朱水涌老师创作的《嘉庚颂》里的《自强展宏图》一文，我会永远记得这首朗诵组诗里校主陈嘉庚先生对我们的殷殷期许——"研究高深学问，培养专门人才，阐扬世界文化"。我依稀记得，当我诵读完这首诗歌，黯然走至幕后，心中莫名生出对母校、对老师们无尽的不舍来。我不敢相信，这是我在母校的最后一个夜晚。

夜幕低垂的星空下，芙蓉湖水光潋滟，那由赵元任先生谱曲、郑贞文先生作词的厦门大学校歌，回荡在校园的上空，悠乎弦歌，不绝于耳：

"自强！自强！学海何洋洋！谁与操钥发其藏？"

"自强！自强！人生何茫茫！谁与普度驾慈航？"

弦歌是余音绕梁、历久弥新的，天下却没有不散的筵席。

人散曲不终，或成为毕业季最美的怀想。

每当我闭上眼睛，思念母校的时候，我的脑海中有思源谷的层林尽染、漫江碧透，有建南大会堂的雕梁画栋、古风雅韵，有白城沙滩的日暮晚景、天风海涛，更有这些可敬、可亲、可爱的老师们。我很庆幸，在迷茫的青年时代，在厦门大学的求学岁月之间，能遇上赵小姝等老师。正是他们，用丰富的学识和无限的深情，照亮我远征的路途。

时光不再，我已毕业了，这是我离开母校的第五天。我真的好想再次走进群贤楼群，走进南强教学楼那些书声琅琅的教室，像四年前作为一年级新生时那样，向他们行礼。

作者简介：田凯锋，厦门大学2016级经济学院金融系本科毕业生，2020年通过考研进入北京大学国际法学院法律硕士专业学习。在校期间担任学院主持队队长等职务，曾获国家留学基金委全额奖学金项目资助，赴澳大利亚阿德莱德大学商学院交流学习。

亦师亦友，指路明灯
——记我的辅导员揭上锋老师

◎ 马秋月

◎ 人物名片：

揭上锋，男，中共党员。2003年考入厦大，2004年至2006年携笔从戎到中国人民解放军某野战部队服役，2011年7月起至今从事辅导员工作。现任厦门大学管理学院团委副书记、辅导员。连续多年被聘为厦门大学南强创业实践先锋班班主任，担任"中国近现代史纲要""形势与政策"授课教师。曾获全国创新创业教育先进工作者、第五届中国"互联网+"大学生创新创业大赛优秀指导老师、福建省"最美高校辅导员"、厦门大学优秀辅导员等荣誉称号。

马秋月(本文作者,左)和揭上锋(右)

看到《我的厦大辅导员》的征稿启事，不知不觉间想起印象里那位永远精力充沛、意气勃发、志存高远的辅导员揭上锋老师，一位对我求学、求职、工作有深刻影响的朋友。

大学时期的日记本，清晰记录揭老师的叮嘱。偶尔闲来翻阅，往事历历在目。日记里第五页，全篇记录了第一次与揭老师近距离接触，一次咖啡厅谈话。那是2011年12月22日，冬至后的第二天，又是西方平安夜的前一天，一个很特别的日子，揭老师请我们几个人喝咖啡，畅聊初入大学的生活感受。他主动拉近距离，分享自己的励志求学故事，迅速打开了话题。揭老师从我们眼睛里可能看出来浮躁，温馨提醒我们：（1）树立目标。大学与高中不同，经历高考后很多学生往往放松下来，需要重新设定目标，有目标才有动力，才会坚持不懈追逐梦想。（2）坚守原则。大学会慢慢接触到社会，遇事要有自己的原则和态度，做好自己，做真实的自己，不要随大流。（3）正视差距。大学里人才济济，当发现和别人有差距时，要时常叩问自己要做什么、该做什么。我们不否认差距，但要学会缩短差距。脚下的路踏实地踩过了，走过彼岸再回首数数脚印，才会问心无愧。浮躁之际，老师的一席话直击内心；懵懂之时，更是让我们拨云见日。

如果说辅导员一两次交谈而已，看不出什么；那揭老师十年如一日地在学生自卑落寞之时提点，在优秀闪亮时刻点赞，躬身力行、初心不改，点滴汇聚在一起，便是一份坚持和强大的能量。

清晰记得，大一报到时，我因学费没凑齐怯怯地站在绿色通道旁。一旁的揭老师察觉出来，直接安排我顺利办完入学手续。开心的我，快速回到宿舍，告诉父母入学情况，学校很好，新生入学各种细节都很温馨，遇到的都是好老师，让他们不要担心。授人以鱼不如授人以渔，揭老师除了帮我申领助学金，还事无巨细，为我操心在校助学实习岗位。

有一次回宿舍路上偶遇，揭老师主动了解我的近期状况，一路探讨敢与不敢、想与做的话题。大学期间有很多国内外交流机会，但是我自知英语不好每次都望而却步，言语中流露出来羡慕和自卑。揭老师一路上以背诵林肯在葛底斯堡的演讲稿（全英文）的经历，叮嘱我要注意方式方法，勤学多练，过程准备在先，结果只是水到渠成，一语点醒梦中人。受老师的鼓舞，我在主学科目基础上攻读法学双学位，积极参与实践，努力充实自己。

大学不像高中，不只是读书而已，还要注意自我成长与展现，这在大四招聘季体现明显。和很多同学一样，很多次简历石沉大海，面试效果不佳，我慢慢地产生迷茫、消极情绪。记得一次在辅导员办公室核对毕业生信息时，偶然聊起这个事，老师看了我的简历，发现没有很好地展现个人特色。揭老师就放下手头的工作，说："你那么优秀，我怎么从简历中看不出来呢？来，我们一起总结一下你的优势。"于是我就向他细数了我大学的点点滴滴，揭老师从我讲述的细节中总结、归纳出我自己都没有意识到的优点，比如：很强的学习能力，做事认真，做人真诚，有拼劲有韧劲，执行力很强……一个下午，他就用我自己的经历，一一列举我的闪光点，发掘个人优势，帮助我修改简历，让我眼前一亮。也许对老师来说只是一件小事，但是对我来说却是强大的助推力。多年以后，老师发现的那些优点，使我在工作中坚实走到现在，感激于心。

直到现在我还在想，那么多学生那么多的小事，揭老师怎么什么都管啊。这就是我大学故事里的揭老师，一个为学生永远精力在线、乐此不疲的大学辅导员。

毕业之后，揭老师的朋友圈依旧在传递着正能量。从朋友圈里知道，揭老师一直在敢于尝试、探索追梦：担任创业教育讲师、指导社会实践、在国内外高校交流研学、在复旦大学读博士等。就连老师日常分享的点滴感悟，都能引人思考，给人力量。

时间飞逝，转眼已是 2021 年。这篇文章成形之际恰好是 11 月 25 日，西方的感恩节。十年相识，揭老师亦师亦友，如一盏指路明灯，照亮我们求学之路，潜移默化地影响着我。

揭老师，真心想对你说：我的大学，因你而精彩！

作者简介：马秋月，新疆人，2011 年就读于厦门大学管理学院，获得管理学和法学双学士学位。在校期间，连续三年获得校运动会业余组 800 米跑前三名。2015 年毕业，现就职于中海地产厦门公司。

为强军梦锻造优质钢
——记我的辅导员黄艺明老师

◎ 陈寒逸

◎ **人物名片：**

黄艺明，男，中共党员。现任厦门大学信息学院团委副书记、辅导员。先后获评福建省社会实践先进工作者，厦门大学优秀辅导员、优秀共青团干部、党校优秀带队教师，全国优秀大学生暑期夏令营优秀工作者，厦门大学暑期社会实践优秀带队老师，金砖国家领导人厦门会晤先进工作者，第四届中国"互联网+"大学生创新创业大赛筹办工作先进个人，厦门大学抗御台风"莫兰蒂"先进个人、百年校庆筹备工作先进个人等。

黄艺明

"在我心里，国防生不仅是我的学生，也是我的兄弟，更是我的骄傲。"信息科学与技术学院团委副书记、辅导员黄艺明老师如是说。

自 2013 年担任国防生辅导员以来，黄艺明老师始终不忘初心，着眼高素质新型军事人才培养，紧紧围绕部队岗位素质需要，认真探索国防生成才途径，既当好"兵老师"、做好"知心人"，也干好"武教头"，积极为国防生搭建成长成才平台，狠抓思想教育、文化培养和素质对接，躬身引领国防生全面提高，精心构筑国防生这一温暖团结的集体。截至目前，他带过的 2012 级通信工程系国防生毕业班，已有 9 人次走向作战部队连主官和旅团级机关参谋岗位，1 人次参加建国 70 周年大阅兵，23 人次获评优秀基层干部和军队各类科技奖励。

诲人有方，当好"兵老师"。"不让任何一名战友掉队。"黄艺明老师用坚实的脚印印证了这句嘹亮的口号。接手 2012 级国防生班时，有 5 名同学出现了不同程度的挂科情况，上课、训练都提不起精神。他看在眼里、急在心上，一方面主动做他们的思想工作，寻找提高其学习动力的突破点，另一方面积极协调选培办、教务部门和院系教师，以学业"问诊"形式，定期对国防生学业情况开展形势分析，开展创先争优评比活动，邀请研究生会和国防生班组成学习"一帮一、多帮一"小组，制定"三个百分百"措施（上课出勤率、晚自习出勤率和考试通过率），不断调动国防生的积极性、主动性。两年多来，他坚持"每周一次例会，每月一次班会，每半学期一次座谈会，每学期一次总结会"，对每位学生建立了完整的学业档案，全程动态掌握、有的放矢、"对症下药"，帮助每一个人明晰学业发展规划。在他的用心管理和悉心指导下，19 名国防生全部顺利完成学业，13 人次获评校级优秀毕业国防生，2 人次获评校级优秀团总支书记和优秀学生干部，16 人次获评各类奖学金，优异成绩的背后是黄艺明老师与同学们辛勤的汗水，艰辛的付出。

育兵有爱，做好"知心人"。"进了国防门，就是国防人。好男儿当有个从军梦，虽然我没有机会穿上军装，但我想用行动和你们一起努力！"黄艺明老师质朴的话语中，蕴含着坚定的信念和真挚的感情。一年365天24小时不关机，不摆架子，大大小小的事情他都记在心上。大家想打球了找"明哥"、想撸串了找"明哥"、想唠家常找"明哥"、失恋了也找"明哥"……他总能出现在兄弟们最需要的时刻、最需要的地方。感人心者，莫乎先情。"大二的时候，黄老师开始带我们，印象最深的是黄老师一个月要来2~3次我们的宿舍，每次和黄老师见面，他都会询问我家里的情况。去年，我的父亲务工时发生了工伤事故，在我最艰难的时候，是黄老师帮助我申请了困难补助，也是黄老师给了我非常重要的建议和帮助，黄老师做的这一切，我这辈子都不会忘记。"时至今日，国防生H在谈起这件往事时依旧动情。在兄弟迷茫时，他会倾尽全力，帮助他们做出人生中重要的选择，有深度、有温度、有力度。正是因为对兄弟们"知心大哥"般的倾听、理解和关爱，全心全意的投入、毫无保留的付出，黄老师赢得了兄弟们的真心信任和衷心爱戴，让国防生对自己特殊的身份更加自豪，也让这个集体更加团结。"明哥，和女朋友吵架了怎么办？""明哥，这个帮我参谋参谋……""明哥，下个月欢迎来参加我的婚礼哦！"……即使毕业多年，依旧有很多同志还是乐于与这位知心老大哥保持联络，向他求解工作学习上遇到的难题。当辅导员累，当国防班辅导员更累。但与累相成正比的是心底的感动和成就感，这是任何荣誉都无法比拟的。

抓建有力，干好"武教头"。火车跑得快，全靠龙头带。自2013年信息科学与技术学院国防生党支部成立以来，黄艺明老师为党支部大发展着想，俯身耕耘亲力亲为，遵循支部建设基本规律，逐步完善"思想教育加深度、学风建设加力度、堡垒功能加硬度、品牌发展加亮度"的"四加"思路。在学院党委领导和选培办指导下,他带领支部"一班子"人把提高党组织凝聚力和战斗力作为首要任务常抓不懈,突出举旗铸魂、突出能力提升、突出堡垒建设、突出品牌发展,先后组织或率队开展"春季学业奋战"活动、4期"厦门大学国防生开放日"主题活动、6次深入社区宣讲党的先进理论、4次承接新生军训任务、2次赴古田寻根教育活动,还与厦门大学附属演武小学开展"手拉手"国防生校外辅导员活动,擦亮了厦门大学国防生"金字招牌"。信息科学与技术学院国防生党支部先后被评为厦门大学先进基层党支部、"义务献血"先进组织单位,所属行政班、团支部先后被评为厦门大学先进班集体、信息科学与技术学院五四红旗团支部。厦门大学信息科学与技术学院国防生集体更是获得2014年度"芙蓉学子·榜样力量——自强不息奖"。

因为美好,所以相聚。在美丽的厦门大学海韵园相遇,感谢有您。在此,也谨代表通信工程系2012级国防生对黄艺明老师表达最诚挚的感谢和最衷心的祝福!

作者简介:陈寒逸,厦门大学信息学院通信工程系2016届本科毕业生。现为中国人民解放军某部助理工程师。

幸好有你
——记我的辅导员刘涛老师

◎ 林康凤

◎ **人物名片：**

刘涛，男，中共党员。厦门大学生命科学学院辅导员。始终坚守"立结树人"初心，以爱岗敬业的标准要求自己，坚做青年人的引路人。曾获评厦门大学优秀辅导员、暑期社会实践优秀带队老师，获得电信天翼奖教金等。

刘 涛

从本科到硕士再到博士,这是我在厦大待的第七年了。都说大学是个整容所,一进大学整个人就仿佛换了一个人似的。大学确实是个整容所,会让一张白纸似的懵懂新生,慢慢建立自己的世界观,对世事拥有自己的判断,更加理智和成熟。我很幸运,在这一段成长过程中,遇到了我们的辅导员刘涛老师,也是我人生中的挚友,他拥有有趣的灵魂,认真负责的态度,谦虚的品质和高效的工作方式,他的一切渗透进我们的生活,改变着我们。

刘涛老师是 2016 年来到翔安校区工作的,在这之前,他也是厦大校友,我们的学长。当时我们同为排球协会的会长,他是本部的会长,我是翔安校区分会的会长。本部排球协会发展有一段历史了,在举办活动方面比较成熟,而翔安校区的只是刚刚成立,在这段艰难的时期,刘老师经常会来翔安校区,对我们活动的开展进行指导,并且为两个校区之间的排球技术交流建立了沟通桥梁。我们虽身在初建的翔安校区,但刘老师的一系列举措让我们觉得我们不是被厦大抛弃的孩子。

在认识刘涛老师以前,我是一个不懂得主动为自己争取的人,有亏吃亏,并且觉得这是一种常态。记得刚读研究生的时候,我和带我的师姐闹了一些矛盾,这些矛盾也升级到了导师那里。那一段时间我很茫然,我从来都不会去拒绝什么,而是有什么接受什么,但那时候的我生活得很压抑,每天处在和师姐有裂痕的关系中,仿佛是在黑暗的夹缝中手足无措,往前进一步,还有三年的研究生时间要过,如果继续这样下去,矛盾也许会更加激化,最后两人不欢而散,形同陌路,但两个人内心都必须要经历一段煎熬的时期才能不被彼此影响。往后退一步,如果此刻从这样的关系中抽身而出,不知道导师那边,会怎么处置我这么一个无能而又要求多的学生。其实我能接受导师的处置,只要能摆脱这样令人焦虑的关系，但对于一个从来都没有说过"不"的人来说，我没有足够的勇气去和导师请求换师姐。

在那段时间，刘老师是我的倾诉对象，他站在我的角度为我去考虑，如果我不能接受剩下的研究生三年都像这样子难受，就去和导师坦白，提出申请。有几次我都站在导师的门口了，却又胆怯退缩了，我从来没有想过去和导师表达自己的意见。刘老师一次又一次耐心地鼓励，如果我都不懂得为自己争取、为自己着想，这样被动地活着，是我想要的吗？做真正的自己，才能成为自己想要成为的人。终于，我鼓起了所有的勇气，敲响了导师的门，虽然被骂了一顿，但结局是好的，突破了那黑暗的夹缝，往后便是迎着光自由地前进，而我和师姐，现在是很好的朋友。我很感谢刘老师对我的指引和鼓励，一句话语，一次敲门，从此，才开始成为自己。一个人最怕的，便是到最后都没能成为自己。

在研一第二学期的那个夏天，学校迎来了凤凰花开的毕业季。刘老师来翔安校区公寓办工作已经有两年时间了，他第一次送别他的学生。在欢送宴上，他喝了一些酒，他平时酒量很好，不太会醉。而这次他说他醉了。他说，他刚来翔安校区工作的时候，很庆幸认识了这些学生，使他渐渐熟悉这片土地；他说，他很怀念学生助理们陪他一起工作的日子，陪他一起吃饭，一起去图书馆，让他在这个陌生的环境里感觉到温暖；他说，毕业后要好好生活，不要忘了他，记得常回来看看……他说着说着便哭了，手里依旧握着啤酒瓶，眼睛望着远方，眼泪就那样顺着脸颊慢慢地流下来。这是我认识刘老师以来第一次看到他哭，也是第一次看到这么真挚的师生感情。他会因为他的学生说想去看海，就开着车带他们去东山看海；会因为他们想吃火锅，便在周末约大家一起出去吃火锅。对于刘老师来说，每一个在他生命里出现的人，都值得真诚对待。

在研二要转博士的时候，由于我所申请的国家助学贷款迟迟未下来，如果我不能在十二月份前把学费交齐，我便没有资格申请转博士。此时，刘老师的家庭也遇到了困难，他的妈妈在年初检查出了癌症，治疗花了很多钱，而又一直未见好转。但当刘老师知道我的困难后，便借钱给我把学费补齐了，后来我才知道，他身上只留了伙食费。我很感动，明明他比谁都需要用钱，却选择先帮困难学生解决问题。他总是把肩膀交给学生依靠，把困难留给自己面对。在这之后的一个多月，刘老师的妈妈病危，他匆忙从厦门奔赴老家益阳，那天，是那一年的最后一天，益阳下着很大很大的雪，但刘老师却没能见到他妈妈最后一面。没过几天，刘老师便回来工作了，他说，学校有一大堆事情等着他回来做。这大概是，教师是太阳底下最光辉的职业的原因吧。隐藏自己的悲伤，努力让学生看到阳光，为学校的建设燃烧着自己，有一分热，发一分光。

人的一生中，会遇到很多老师，遇到一位好老师，便是一生的幸运。我很庆幸，在厦大里遇到已经渗透进我生活里的辅导员刘涛老师。他让我更加深刻地认识自己，了解自己，丰富自己，追求属于自己的人生。刘老师就像一杆生活的尺子，让我们处处去丈量，也像一幅多彩的画，让我们学着去临摹而后填补自己的空白。"落红不是无情物，化作春泥更护花"，就像这诗歌赞美的一样，感谢我的辅导员刘老师，在大学生活里，幸好有你，也幸好是你。

作者简介：林康凤，女，生命科学学院2019级博士生。本科和研究生均在厦门大学就读，在本科期间，曾任厦门大学翔安校区排球协会会长和茶学社社长，现任生命科学学院研究生会执行主席。

第二篇

大学因你而精彩

一路有你
——记我的辅导员谭超老师

◎ 陈心悦

◎ **人物名片**：

谭超，男，中共党员。现任厦门大学公共事务学院党务秘书。曾任公共事务学院本科生辅导员。个人曾获厦门大学暑期社会实践优秀带队教师等荣誉称号，所撰写的案例曾获厦门大学学生工作案例一等奖。

谭 超

金秋九月，厦门依旧热浪滚滚。就在9月的某个平凡而特别的日子里，带着满腔的欣喜与期待，以及对未知的不安，我来到了厦门大学这所我期盼已久的大学。

迎着骄阳烈日，循着人流走动，我很快找到了学院的新生报到处。在报到处，我第一次见到我的辅导员——谭超老师。他穿着一件洁净的白衬衫，戴着黑框眼镜，温和而友善地笑着。此时我对辅导员尚且只有一个模糊的概念，只是听闻辅导员需要处理各种繁杂的事务。后来才逐渐发现，辅导员远比我想象中辛苦。

在严酷的军训后，我的大学生活正式拉开了序幕。在每次班会和交流课上，谭超老师都强调博览群书和砥志研思的重要性，希望我们不因为脱离高中学习的桎梏便懈怠散逸，还倡导开办读书交流会。他的许多教导和叮嘱，给我们新生指引了正确的方向，也安抚了我们躁动不安的心。

真正与谭超老师接触，是在他找我第一次谈心之时。我拘谨地来到他的办公室，在与他的谈话中我很快便释放了局促和忐忑。他夸赞我在军训时小提琴的表演，我讶异于他居然知道表演小提琴的人是我，由此可见谭超老师对学生的点滴关注。他还与我探讨他的孩子是否应该学习乐器云云，让我深感其信任与亲切。同时，正值学生会纳新之际，我一心想加入文娱部，但谭超老师认为我有一定的文字基础和功底，宣传部更加适合我。而且对我的专业公共管理而言，宣传部是常动笔杆子的一项工作，谙熟各类文风对我的深入学习大有裨益。在他的建议下，我最终进入了宣传部记者团。事实证明，他的建议是具有长远眼光且正确的。在宣传部，我可以尽情挥洒笔墨，传递自己的见地，把握时代的脉搏，攫取思想的光辉。再者，自己完成的文章得到宣传和推广，我也会产生一种奇特而美妙的感觉。每一次推文发出后，谭超老师都会赞扬并鼓励我，让我真切感受到他的温暖,并深受感动。同时,他也会发给我一些比较专业的文章,以便于我学习与感悟。

大学生活确实不像高中一般,学习充斥着生活的方方面面。摆脱条框的束缚,回归自由的本质,大学的许多全新的风貌都让我感到新奇。为了进一步拓展我们的视野,让我们了解异域的风土人情,谭超老师让近10位同学在新生研讨课上介绍自己的家乡。我的两位舍友也在此列。据悉,谭超老师对她们的演讲提出建议,加以指点,对这次研讨课十分重视。不出意料,这次研讨课收效甚好。同学们从公共管理的角度,不失风趣地从多角度介绍了自己的家乡,既拉近彼此间的距离,又能增长见识。谭超老师一番良苦用心可以得见。

11月初,厦门大学学生马克思主义理论研修班开始学员选拔工作,经过一轮又一轮的笔试、面试,最终我出乎意料地成功入选。还没来得及告知谭超老师这个好消息,谭超老师却先行向我祝贺,并叮嘱我要不忘学习,时刻不能松懈。谭超老师如兄长一般,总希望后辈们保持进取向上之心,勿被光怪陆离迷乱双眼,始终与光芒同行,发光发亮。

让我印象深刻的一件事是,谭超老师邀请曾任厦大学生会主席的华仕通教育科技有限公司董事长尹俊学长与同学们分享经验。尹俊学长从觉醒、自我约束、抉择与竞争等方面精练地解答了同学们的疑问。在此期间,谭超老师还讲述了我们的另一位学长在这家公司靠自身拼搏进取的故事。他希望我们以学长为榜样,也希望我们深刻思考尹俊学长的宝贵经验,不断历练成长。谭超老师把这次计划称为"雏鹰计划",他希望同学们如雄鹰,在逆风中把握方向,在暴雨中无畏前行,搏击长空,鹏程万里。

谭超老师虽然在我们学业上不忘督促,但他在日常生活中是一个幽默而随和的人,并非古板的严师。他热爱羽毛球,便邀我和精于羽毛球的舍友一战高下。在新生班级群中,他也常常加入同学们的热聊,与同学们亦师亦友。大学生是一个潜在的高压群体,很多人往往不以为然,但作为辅导员,谭超老师总是周到细心,关心同学们的心理健康,化解错综复杂的矛盾冲突。对远离家乡故土和父母关怀的我们,谭超老师总是给予如和煦的阳光般温暖。

时间的指针不断前移,我与谭超老师的故事其实不过短短一学期,而且并非轰轰烈烈,也没到感人肺腑之境,然而,这样细水长流般的篇章,更体现谭超老师崇高的师德和对同学们的真切关怀。如今的我,也对辅导员有了更加深刻的认识——他们是思想的引领者,是灵魂的塑造者。所有细微之下,都隐藏着冰消雪融的巨响。回望那些刹那的瞬间,那些平静却又无穷力量的鼓励,那些言外之意和欲言又止,所有这些细微的方面湮没在记忆的尘埃中,却始终熠熠发光,无法忘却。他们是平凡的人,是丈夫,是父母,是子女。他们也是默默注视你的成长,陪伴你前行在漫漫长路之上的人。他们是你人生的匆匆过客,也可能是你永远无法忘怀的人。

故事还未结束,前方依旧光明。我不知道未知里蕴藏着什么曲折,不知道是否平芜尽处是春山。但一路有你的关怀与陪伴,我总能在磕磕绊绊中自我成长,在冷冷清清中活出风风火火。感恩一路有你,我的辅导员——谭超老师!

作者简介:陈心悦,来自福建漳州,厦门大学公共事务学院政治学与行政学专业2019级本科生,厦门大学公共事务学院学生会宣传部部长,厦门大学第十期学生马克思主义理论研修班成员。热爱看书、弹钢琴,曾发表10余万字小说作品,多次在作文比赛和钢琴比赛中获得优异的成绩。

破冰·扬帆·启航
——记我的三位辅导员

◎ 刘旭晖

◎ **人物名片：**

林旭荣，男，中共党员。现任厦门大学法学院办公室主任。参加工作以来曾任厦门大学人事处科员、厦门大学法学院辅导员、厦门大学法学院团委副书记等，其间借调至教育部办公厅工作。在法学院工作期间，他深耕本科生管理与教育，是无数厦法学子最信赖、最亲密的老师，他与学生们共同赢得并维护了法学院"小而强"的美誉。

林旭荣

杨璐，女，中共党员。现任厦门大学学校办公室秘书。2016年至2020年任厦门大学法学院辅导员。她，是厦门大学法学院青少年法治课堂的"推动者"，带领同学们用自己的知识回馈社会；她是厦门大学大学生法律援助中心和党规党纪学生研习社的"掌门人"，引领同学们用创新的思维展现自我；她是学生学习生活中的"好帮手"，帮助同学们直面挫折乘风破浪。她是要求严格的"杨老师"，更是温柔体贴的"璐天使"，在平凡的学生工作岗位上演绎着温暖而不平凡的故事。

杨　璐

陈国渊，男，中共党员。现任厦门大学学生工作部（处）就业指导科科长。曾任医学院团委副书记、辅导员，法学院团委书记、辅导员。曾借调至国家发改委办公厅，曾获得厦门市青年工作先进个人、厦门大学优秀辅导员、厦门市共青团先进工作者等称号。

陈国渊

在真正踏入大学校园之前，我想象中的辅导员是类似中学教导主任的角色——他们是学生的管理者，是纪律的检查者。他们是戒尺，严格、严厉；他们是坚冰，严肃、严谨。

四年时光悄悄流逝，凤凰花渐次绽放，这是毕业的季节。即将毕业的我回想起当初对于辅导员的无稽想象，不由为当初的自己感到羞愧：我在本科四年经历的三位本科生辅导员，非但不是戒尺与坚冰，反而以亲切与温暖消除了横亘在师生间的隔阂，拉近了大家的距离。他们以开阔的视野与前瞻的眼光为同学们的学习与实践探索了更多可能；以敬业与无私帮助毕业生顺利升学与就业，推动一只只小船驶离母港，航向远方……

破 冰

了解林旭荣老师的过程可谓是"未见其人，先闻其声"。那是在大一开学前的暑假，学长学姐们建立了一个迎新 QQ 群，新生们在群里兴奋地讨论与畅想大学的学习与生活，消息从早到晚闪烁不停。辅导员林旭荣老师也在群里，他的头像是系统自带的一个男性形象，相比于同学们五花八门、个性十足的头像，实在显得有些"古早味"。他的出现常常带着"@全体成员"和一串"收到"。于是我据此猜想，我的大一辅导员应该是位不苟言笑的中年男性吧。事实很快反驳了我。

结束为期两周的军训后，精疲力竭的我们迎来了离开家后的第一个中秋节，虽然没有与家人团聚，但陪伴我们的有食堂供应的月饼、舍友的欢笑和台风"莫兰蒂"。

"莫兰蒂"是 2016 年第 14 号台风，它在绕过台湾岛后正面登陆厦门市，造成全市 65 万棵行道树倒伏，房屋损毁 17907 间。台风来临之前，白城海边上空密云不雨，滨海的厦门大学聆听着巨浪的怒吼。北方来的小伙伴们自是惊恐万分，南方的同学一开始还"吐槽"大家少见多怪，后来也很快意识到这次台风非比寻常。那个夜晚几乎无人入睡，贴了"米"字形胶带的窗户仍然在鼓荡的狂风中震颤乃至破裂，与雷声、风声、雨声、涛声共同组成战栗的交响曲。

在这一片混乱中，林老师行动起来了，从跟进各项通知、跟进离留校名单、确认宿舍硬件情况到安排学生会干部驻守各宿舍区，他把一切安排得井井有条，甚至一对一、点对点地确认同学们的安全。而第二天，傍山临海的厦门大学成了一片泽国，倒下的大树让人无处下脚。林老师召集了学院的男生们，清理滨海社区倒下的大树，这时我们才近距离接触了他。与我想象的形象不同，他长了一张娃娃脸，站在学生们中间仿佛是同龄人，完全看不出他已经是一位"奶爸"了。但别看他长得年轻，干起活儿来可不是假把式，他带着我们很快完成了工作。

后来的几年，我在参加班级、学生会、社团工作时均得到林老师指导。在这些接触的过程中，我了解到学长学姐们都亲切地叫他"林先生"，他性格活泼随和，工作一丝不苟。他让我知道辅导员绝不是高高在上的管理者，而是大学里最可信赖的人，他融化了横亘在师生间的坚冰。

扬　帆

我的厦大辅导员，不只是我们学习、生活的后勤与保障，更为我们的学术活动、社会实践和综合素质全面发展开辟了更广阔的空间。让我明白这一点的是"璐天使"——另一位辅导员杨璐老师。

认识杨璐老师的过程就更加幸运了——她本不是我的分管辅导员，我和她的结识始于一个诗朗诵节目。那是在我刚入学的第一年,正值厦大法学院 90 周年院庆,看到院庆晚会招募诗朗诵演员的消息,初生牛犊不怕虎的我决定试一试。负责这一节目的杨璐老师对我考察一番后录取了我,但这可不意味着我的能力已经足够完成这次演出了——事实上,实际排练的时候我才知道,要想表演好一个朗诵节目,除了声音条件外,手势、脚步乃至眼神都至关重要,而这是我没有练习过的。好在,我们几个大一新生没有个人的部分,不足之处不至于太明显。

但始料不及的是,朗诵队中的一位研究生学长因故不能参与演出了,而他个人的段落必须有人顶替。让我感到荣幸和兴奋的是,这个重任最终落到了我的肩上。责任带来了压力,连续几次排练我的表现都无法让人满意。我想,如果当时我被换下了,我的信心将受到极大的打击,可能此后再也不敢尝试朗诵或演讲了。但我又想,如果我是这一节目的负责人,为保险起见也一定会寻找其他解决办法。

所幸我遇到的是"璐天使"。每次排练,她总是给我"加码",和艺术学院的李鑫老师一起帮助我一点点地提高。她始终没有放弃,而是帮助我化压力为动力。正式演出的那个晚上,当我念完最后一句"这是我们,最好的四年",我发自内心地笑了:尽管我才刚入学一个月,但我知道,有这样敢于给我机会、鼓励我提高的辅导员,我一定能度过一个最好的四年。

果然如此,之后的几年里,我在她的鼓励下一次次地站上讲台,一次次地拿起话筒,一次次地突破自己。而大三的一天,她与我分享了一个更为宏伟的计划——"青少年法治课堂"项目。

这个项目来自一位母亲兼法律专业教师的直觉:作为一位母亲,她和天下父母一样殷切地希望孩子们能够平安健康成长,但作为一名法律专业教师，她深知孩子们的身边潜藏着许多危险因素，甚至青少年犯罪以及青少年遭受侵害的案件也频繁发生。既然如此，何不利用高校法学院丰富的平台资源和优秀的师生资源，培养一批拥有一定教育学知识和法学基础的大学生志愿者，并探索建立高校与中小学对接授课的青少年法治课堂志愿项目呢？

被这一想法吸引，我和其他几位同学聚集到了杨璐老师的麾下。2019年的第三学期，"青少年法治课堂"选修课正式开设。这门课上，有石狮市人民检察院检察官姐姐讲述未成年人检察工作的实务情况，有教育研究院老师教授青少年教育的基本理论，有金砖国家领导人厦门会晤优秀志愿者示范形象管理与仪态塑造，而学生们甚至获得了到小学给孩子们实际讲一堂课的实践机会……这背后，是我们为期数月的努力与策划。课程结束，获得提升的不只是选课的同学们，我们项目组几个成员更是从课程设计者的角度得到了锻炼。

"璐天使"总是具有这样的魔力，带领你不断地探索更多可能，带领你不断地提升自己的综合素质，带领你在理论知识与实践经验的海洋上扬起片片风帆。

启 航

大三的那个暑假，我们迎来了一位新的辅导员陈国渊老师。而我们和陈国渊老师都没想到的是，我们一同经历的第一个寒假就因新冠肺炎疫情变得极端复杂。

疫情之下，何时返校？如何返校？在家里如何线上学习？如何开展团课？如何使用图书馆资源查找资料？如何进行每日健康打卡？这些都是需要解决的问题。而毕业生最关心的是，疫情之下的求职将如何进行？原本一场接一场的线下招聘会成了奢望，挤满整个三家村广场的双选会更是化为泡影。令我没想到的是，这种形势下，最可靠的招聘信息发布源竟然是我们的"果园老师"。

从毕业季一开始，年段微信群就成了陈国渊老师的"舞台"。他每天都将从各处获取的招聘信息发布在年段群里，并根据自己的经验为招聘信息附上简短而精当的提示：这家公司的薪酬待遇可以参考国企的一般待遇，那个单位有内推的机会，这家公司的行业近年来发展势头良好，那家律所的 HR 是我们的师兄……除此之外，哪个部门发布了公务员、硕士研究生招考的有关公告，哪家考试辅导机构上线了限时免费课程，哪个公众号推出了求职经验贴合辑，哪个直播平台将有经验分享直播……都出现在他的"公告牌"上。同学们都开玩笑说，陈国渊老师就像动漫里的哆啦A梦，总是能从他的大口袋里掏出一样样神奇的道具。

不仅如此，陈老师的公告牌甚至还有"私人订制"的功能：福州的律所发布了招聘通知，他发给福州的同学；深圳的金融公司有求职信息，他提醒广东的同学注意……"果园老师"工作之细致周到，常常让我们忘记他成为我们这 500 多名学生的辅导员仅仅半年而已。在他的保驾护航下，纵有惊涛骇浪，厦大法学院的一艘艘小船也一定可以顺利启航，从母校的港湾驶向职业的彼岸。

这就是我的三位厦大辅导员，"林先生"以其平易近人破除了横亘在传统师生关系中的坚冰，他让我发现了厦大辅导员的温度；"璐天使"以其独到的眼光与进取的心态为学生们开辟了一块块锻炼综合素质的园地，她让我发现了厦大辅导员的广度；"果园老师"克服疫情导致的困难，使出浑身解数为毕业生的就业和升学保驾护航，他让我发现了厦大辅导员的力度。

于他们而言，多年的辅导员经历迎接了多少批学子，对这成百上千的孩子们，他们无一不付与温度、广度、力度；而于我而言，在这一生只能过一次的最好四年，有这样好的厦大辅导员是多么幸运，让我得以顺利破冰、扬帆、启航。

行迈靡靡，中心摇摇，即将毕业的我感激的不止母校的专业教师、后勤人员和无数给予我帮助的人；不舍的也不止芙蓉湖、上弦场和白城海，不止南光、海滨和勤业，还有我的厦大辅导员。

作者简介：刘旭晖，男，福建长汀人，厦门大学法学院2016级本科生，推荐免试攻读厦门大学法学院国际法硕士学位。曾获校级优秀共青团员、优秀学生干部、优秀志愿者、校庆奖学金等荣誉。本科期间积极参与学生工作，长期担任班团支书、班长，法学社学术部部长，辩论学社副社长等工作；积极参加学业竞赛，获得"理律杯"全国高校模拟法庭辩论赛亚军、福建省"马克思主义能给予我们什么"主题征文比赛二等奖等荣誉。

育人"多面体"
——记我的辅导员沈鑫老师

◎ 陈洁瑶

◎ **人物名片：**

沈鑫，男，中共党员。现任航空航天学院团委书记、辅导员。曾任公共卫生学院团委副书记、辅导员，曾赴英国纽卡斯尔大学研修。曾获福建省"最美高校辅导员提名人物"，福建省大中专学生志愿者暑期"三下乡"社会实践活动先进工作者，厦门大学优秀辅导员、优秀共青团干部、抗击新冠肺炎疫情先进个人等荣誉称号。

沈 鑫

他,一个乐观开朗、踏实刻苦的年轻人,以灵活的工作方式、风趣幽默的处事风格成为学生的良师益友;他,辅导员队伍的一位"老人",以低调和执着钻研育人心得,以高度的责任感践履着辅导员的光荣职责;他,也是一个敢闯敢拼、无私奉献的团干部,立足服务青年、引导青年的大局,打造德育工作的新天地。他,就是厦门大学公共卫生学院的辅导员、团委副书记沈鑫老师。

"液体黄金"锻造出的"铁汉柔情"

辅导员的工作辛苦而琐碎,在日常管理、上传下达的同时还要兼顾每个学生的思想状态,在我看来着实不易。而他,一个看似粗线条的来自"液体黄金"之乡的汉子,却有着细腻、善于观察和捕捉的眼光。入学之初,科研学习与兼职辅导员的日常工作让我感到有些无所适从,当我尚未感受到自己的不适应时,他反而先一步察觉。在他的复盘下,我才看清自己的状态:明明想要把每件事都井井有条地安排好,却总是处理得手忙脚乱,与他谈心之后又失落又羞愧。他就是这样一个拥有"反差萌"的辅导员,比厦门的冷空气来得更快的是他发给学生们的天气预报,提醒我们添衣保暖;比看见他的脸更快的是听见他爽朗的笑声和独特的脚步声,已经成为学生们心目中他的特殊符号。

和学生共成长的"活化石"

就业是最大的民生。公共卫生学院成立10年来,他伴随着学院一年又一年长大,也陪伴着一届又一届的学生成长成才。他和学生成为朋友，对学生的情况了如指掌。我刚刚入学接触兼职辅导员工作，就碰上了毕业生学科评估的任务。上千条毕业生信息如浪潮快要将我淹没，他总是我"救命的稻草"，什么名字、专业、人数、毕业年份对不上，他略一思索就能给你清晰准确的答案。"'沈总'，什么事儿呀？"一个电话，毕业多年的学生也如老友般与他热情寒暄。"桃李不言，下自成蹊"，他是公共卫生学院莘莘学子的人生导师和知心朋友。

办公室里的"抗疫先锋"

防控常态化下的"后疫情时代"，无疑也给学生工作增添了不少难度。有同学调侃，2019年夏天来学校的时候见他头发还很茂盛，也没有白头发，两年过去了，"沈总"的白发倒是明显了不少。诚然，他是我见过最忙的辅导员。"我一天能喝三杯！"他的办公桌上总是摆满了各式各样的咖啡和咖啡杯。清晨6点多就能见到他在微信群里提醒我们健康打卡的消息，每一顿饱餐过后的午间时光也不见他小憩过一分钟……9月的公共卫生学院格外寂静，自厦门市疫情暴发以来，学院陆续派出3批共计121名学生志愿者投入厦门市联防联控工作组，以及同安区、海沧区的疫情防控工作，我也身在其中。抗疫的日子并不好过，出发本就紧急，自招募到集结出发只有短短3个小时；停工停产、道路交通的阻断也让原本便利的生活物资变得紧张。在同安的22天里，他总是在微信群里对我们嘘寒问暖，让大家"有事尽管找他"，帮助我们奔走协调数批生活物资和药品并陆续运到我们所在的高风险封控地区。身处这个"危机四伏"的异乡，中秋之际，伴随着从天而降的"黄码"，我们还惊喜地收到了他寄来的成箱零食、牛奶，以及厦大定制的月饼，顿觉这个分外清冷的中秋夜

不再孤单。

走过百年,自由和爱生早已成为厦门大学的专属名片。"永远把学生放在心上",这也是我对他作为辅导员最深刻的体会。他用真心去感召学生、用真爱去温暖学生、用行动去引导学生。在他面前,你永远保有自由表达的权利。亦师亦友,对他应是最好的代名词。

作者简介:陈洁瑶,福建福州人,现为厦门大学公共卫生学院2020级社会医学与卫生事业管理专业硕士研究生,并担任公共卫生学院兼职辅导员。曾获厦门大学2021年三好学生等荣誉称号。

"超级佳蓓"
——记我的辅导员吴佳蓓老师

◎ 陈小凡

◎ **人物名片：**

吴佳蓓，女，中共党员。现任厦门大学生命科学学院党务秘书。曾任厦门大学生命科学学院辅导员、团委副书记。曾获福建省大中专学生志愿者暑期"三下乡"社会实践活动先进工作者，厦门大学优秀辅导员、优秀党务工作者等荣誉称号，在2019年"新东方杯"厦门大学第三届辅导员素质能力大赛中荣获二等奖，并多次指导学生参加福建省大学生职业规划大赛获一、二等奖。

吴佳蓓

我以前想过无数种大学辅导员的模样，他们可能是这样的，或者是那样的。唯独没有想到她会以这种方式出现在我的大学生活中，给我带来如此巨大的改变。

2017年的夏天，我带着北方的各种水土不服来到厦门大学生命科学学院。作为一个新疆人，我在这个完全陌生的南方环境里就像是一棵仙人掌泡在水里，但我仍旧毫无保留地把我身上的刺暴露出来，遇到看不惯的事情第一个伸头冒尖，在同学周围全然一个愤青的形象，那个时候我用自身行动完美诠释了什么叫"出头鸟"。我以为迎接我的会是枪声，而就算这样我也浑然不怕。

我的辅导员叫吴佳蓓，管理我们院学生会的文艺中心。大一那年，我是文艺中心下主持队的一个队员。故事也就是从这里开始的。

2017年年末，学院元旦晚会主持队出了一个小品，是我和另一个同学一起编写的剧本，彩排的时候她给我们提了很多建议，包括开始的手势、台词的衔接等。那个时候我感觉这个辅导员懂得好多啊，我们的小品在她的改动下确实变得比原来更完整了。那是我头一次跟她有比较深的交流。

学院每年都少不了各种活动，而有活动就需要主持人，那个学年我接的主持还真不少，每个活动她都会在场，她对每个节目、环节要求都极其严格，一度是一个"大魔王"的形象。2018年的经典新声诵读展演，主持队队员作为诵读人朗诵参赛选手推荐的文章和感想，分给我的是一篇文言文《项脊轩志》，那篇文章我虽然学过但几乎都忘光了，不少字的拼音都得重新查，对我来说是个很大的挑战。其实我是很想读一篇现代文的，像小说、散文之类的。我推辞过，她来找我说："你遇到的挑战越大，你的进步就越大，这么多人里面只有你读的是文言文，不仅可以学到知识，还可以在朗诵古文方面有所尝试，为什么不去试呢？"

其实那时候我并没有听进去多少，因为我是一个很难让人说动的人。但是想到如果我不读就会有其他人接这一篇去读，无形中扔给队内其他人一个担子。或许是因为想担一份责任，我最后还是读了这篇，几百字的文章我准备了足足一个星期，到最后几乎能背下来，圆满地完成了我在第一届经典新声的任务。我这个人，向来是不容易被别人说服的，哪怕是我的辅导员。

大二我留在了学生会，当了主持部的副部长，和辅导员走得更近了，跟她在理念上的冲突也几乎在这一年完全爆发。作为一个还在成长的"仙人掌"，那个时候我走的是我行我素的路。

首先在招主持队队员的时候，我们就有了意见分歧。她在大一学生里看上了两个同学，想要他们进主持队，而我那个时候已经和我们部长通过正式的流程建立了新的主持队，我强硬地拒绝了。她跟我说创建主持队就要让每一个同学都有进队训练的机会，而我认为每一个机会都是自己争取的，如果没有交报名表来参加面试，在我看来就是自己放弃了这个机会。虽然我听进去了一些她的话，但我的态度没有一点改变，最后反倒是我说服了她，让我很是意外。原来辅导员也是可以被学生说服的，原来辅导员也是可以和学生做朋友的。

2019年的元旦晚会，主持队的大一学生写了剧本，依旧出了一个小品，在最终彩排的时候她突然要把中间一整段删掉，我的心境和前一年却完全不同了，我是一个非常护短的人，我认为在最后即将开始晚会的这一个小时里是没有办法对剧本进行改动的，这个时候每个人都对自己的台词了然于心，现在动剧本会给大家造成很大的压力。因为现场非常忙，她并没有跟我解释太多，很坚定地修改了小品。还好2018级的学弟学妹很努力地按照新剧本演完了整个节目，只是我那天晚上在台下心态很差，因为那时候的我在不理解的事情上往往习惯于坚持己见。

后来她专门找我了一趟，用了一中午的时间跟我解释当晚改剧本的原因，我跟她在理念问题上讨论了两小时，到底是应该让他们安心演完节目还是让他们面对新的挑战来展示更好的自己？到底是应该只管好自己所在的部门还是应该以观众的眼光顾全大局？在学生会里到底是应该站在学生这一边跟她争论还是要做一个老师和学生沟通的桥梁？这些事情从来没有人跟我深入讨论过。就从那天中午开始，我以前坚持的路线有被修正的苗头了。

后来，通过其他事情我彻底认清了老师和学生在观念上矛盾的主要原因，当他们看见我们看不见的东西并针对这些东西改变我们思路的时候，我们会感觉莫名其妙并且比较容易把它往恶意的方面想，所以我们总是抱有意见。我也在她这里明白了沟通的重要性，学会了如何跟人交流、相处。专业课老师们教会了我学识，而她教会了我思考和做人。

大三开始，我依旧留在文艺中心，成了备选文艺中心主任，策划2020年元旦晚会的时候她开玩笑地对我说："你能不能弄一个不让我操心的元旦晚会，每年我都忙来忙去的。"筹备了一个月后，晚会的前一天晚上我给她发了一条消息："明天你应该可以好好地坐在台下看节目了。"2019年12月20日，厦门大学生命科学学院元旦晚会的现场，我拿着策划和各负责人的电话跑来跑去，交代一项又一项任务，安排一个又一个变动。那一天，我变成了她。

也许我曾经对她有很多很多的误解，认为她不仅是"大魔王"，更是故意无时无刻不在跟我唱反调。后来我才明白她一直以她自己的方式督促着我成长，藏好我身上的刺，往正确的地方不断前进。可能多年以后,回想起我的大学时光,我仍然能想起我和辅导员的这些摩擦和碰撞,还有这个——"超级佳蓓"。

作者简介:陈小凡,男,厦门大学生命科学学院生物技术专业2017级本科生,曾担任院学生文艺中心主任、主持队副队长。毕业后就职于江苏省盐城市教育局市直初中。

谁是最可爱的人
——记我的辅导员苏毅辉老师

◎ 姜浩祺

◎ **人物名片：**

苏毅辉，男，中共党员。2013年起留校担任辅导员。现任厦门大学公共事务学院团委副书记、辅导员。曾获优秀共产党员、优秀辅导员、优秀共青团干部等荣誉称号。

苏毅辉

初入大学时，我对"辅导员"这个称谓总是怀着一种自然而然的敬畏和疏离，觉得他们更像学生的管理者，甚至比中学时代的班主任更加威严。也时常能听到老同学对于各自学校辅导员的吐槽，抱怨他们过于严格、总是不准假，或管得太多。

但比起严厉的"别人家的辅导员"，苏毅辉老师绝对算是亲切可爱的那一类。同学之间流传的只有他的表情包，而并无半句抱怨之词。一张可以混入本科生中以假乱真的娃娃脸，使他在校园里经常被叫成"学长"，或被游客当作学生来问路；一口福建普通话是他的标志，即使是日常强调安全问题或考试纪律，也能讲得别开生面，听他讲话是同学们的生活乐趣之一。此前学校的公众号推出了和辅导员有关的推送，有本院已毕业的学姐表示："我跟辅导员的记忆是我们一起考普通话考试，他还没考过。"苏老师回复道："后来我考过了。"他还是"表情包狂人"，喜欢用可爱的猫猫狗狗表情包，甚至连自己家刚出生的宝宝也不放过，通通做成表情包，与大家交流起来完全没有代沟。

苏老师和同学们的关系很融洽，也十分关心大家的学习生活，常常会在朋友圈点赞、评论同学们的动态，并主动找遇到问题或困难的同学谈心。我在大一时曾饱受失眠和各种心理问题的困扰，于是在某天深夜发了一条动态，大概负能量十分强烈，而且言辞比较激动，忘记了屏蔽苏老师。第二天早上便收到他一连串"轰炸"和关心的消息，以及谈心的邀约。

我为人比较冷淡而且不善交流，甚至有些薄情，对于别人的关心总是难以正确回应，久而久之形成了独来独往的作风。这种谈心自然使我感到局促不安，于是我百般推脱。本来以为苏老师只是礼节性地关心一下"问题学生"，以便尽到辅导员的职责，但从此以后，我似乎在他那儿成了挂上号的"重点看护对象",一切动态总能得到他的密切关注,摔跤崴到脚、室友被马蜂蜇、宿舍电子门锁失灵的不幸遭遇均在他的关怀下得到了迅速解决。

他锲而不舍,非要撬开我的心理防线不可,经常找机会试图跟我谈心,有一次甚至在图书馆门口堵截我。这种热情令人实在难以拒绝,于是我们展开了第一次边散步边进行的谈心。他与我谈话并不像师长耳提面命,反而像朋友之间的饭后闲谈。具体的细节已经湮没在记忆的流沙中了,但它的意义可能本就不在于内容而在于谈话本身。苏老师的爱心和耐心渐渐融化了我,使我感受到一种真切的关怀,从此无论是同别人交流还是面对自己都轻松了许多。

之后我们还约定每个月进行一次谈心活动,印象最深刻的一次是我们去爬南普陀寺后的山。不爱尝试新鲜事物的我,入校已将近一年,学校周边的风景却有很多还没有看到,苏老师听闻这件事后,把下一次谈心改为爬山活动。山其实不高,然而很陡峭,苏老师在前头迈着长腿健步如飞,我尽量快步跟上,并暗暗下定决心以后要好好锻炼身体。爬到山顶后,我们站在小平台上俯瞰校园风景,他还跟我分享了他晋升职称的喜悦以及被清新的空气和山风激起的陈年校园感情经历,使我听得津津有味。

过了一阵子,我们的每月谈心因为学习生活的繁忙渐渐取消了,但我和苏老师始终保持着线上的交流,偶尔见到也会多聊几句。不知道苏老师如何得知我爱好绘画,每次见到与绘画、设计相关作品征集的信息他都会转发给我。我的睡眠状况、学习考试情况等也经常得到他的"亲切关怀"。

他是2018级100多名学生的辅导员,学院多项事务的负责人,每天的工作量自不必多言,而我只是他无数个普通学生中的一员。过后再翻看我们之前的聊天记录，每次沟通几乎都是他先带起的，我早先的回复十分生硬，充满了抗拒的态度，但苏老师从未放弃过对我的关怀和鼓励。我喜欢用"可爱"来形容他，他的可爱在于亲切，在于闲谈的有来有往和生活中的点滴关怀。这比豪言壮语、谆谆教诲更能触动一个平凡学生的心灵。

刚刚进入大学校园的我和很多人一样充满了雄心壮志，但来到高手云集的厦大，面对多才多艺、无比优秀的同龄人，产生了巨大的心理落差，陷入了对自我和人生目标的怀疑。苏老师建议我去心理咨询室找专业的心理老师咨询，还讲了之前一些学长学姐遇到类似问题时的应对方法，鼓励我在学习生活中尽力而为，并和我约定如果在期末考试中成绩排名能达到前 50% 就给学弟学妹们做分享。

此后我的生活渐渐步入正轨，心态得到了调整，睡眠质量也有了很大的提高。虽然我最后也并没有达到约定的目标，故事的结局并不是功成名就、皆大欢喜，但我逐渐接受了自己的平凡，也体会到了平凡中的温暖和感动。苏老师无意改写我的故事，他只是告诉我每个人都应该有自己的故事，每个平凡学子都有自己的独特生活，每一种奋斗过后的结局都应该被接受。

有人说大学是一个人的大学。但我在这里感受到了，原来亦师亦友是真实存在的，原来有许多人在与我们携手同行。感谢苏老师给我的大学生活增添了浓墨重彩的一笔。多年以后，面对厦大校园回首旧日时光，我一定会想起和辅导员一起爬山的那个遥远的下午。那一天在当时看来原本十分稀松平常，心情甚至有点沉闷，但再回首却蓦然发现是一段值得珍藏的独家记忆。

作者简介：姜浩祺，女，厦门大学公共事务学院政治学与行政学2018级本科生。曾任班级宣传委员、公共事务学院团总支宣传中心副部长、厦门大学学生会自律督导部成员。

问　道
——记我的辅导员林婕老师

◎ 牛帅星

◎ 人物名片：

林婕，女，中共党员。2014年留校担任辅导员。现任厦门大学建筑与土木工程学院团委副书记，国家二级职业指导师，思想政治教育学科讲师，主要研究方向为高校职业指导。曾获福建省高校毕业生就业创业工作先进个人，厦门大学优秀辅导员、优秀共青团干部等荣誉。

林　婕

我最初接触到"辅导员"这三个字,应该是大学新生报到的第一天。说来惭愧,那不是一件给我的辅导员加分的事情,当然这件事其实和她并不相干。宿舍最显眼的地方张贴了一张辅导员及学生会主要干部的联系方式表,我第一次认识到我的辅导员名字叫林婕,很美丽的一个名字。可是后来有个推销手机卡的小哥到寝室来,谎称是我的辅导员,我当时还很纳闷,我的辅导员听名字不是女的吗?后来我到联通营业厅又遇到了那个小哥,我还傻傻地问他:"你不是辅导员吗?"开玩笑讲,这算是我第一次与我的"辅导员"相遇了。

从本科四年到研究生阶段,林婕老师担任我的辅导员已经有5年时间了,林老师给我最深的印象是极度细心和认真。一个简单的例子,在刚刚结束军训的时候,某天我突然接到她的电话,说找我有点事,原来是送我一个精美的水杯作为生日礼物。这件事给了我很大的惊喜,因为我习惯过阴历生日,所以并没有特意记住阳历生日日期。但是她记得,而且我想这肯定不是特例,应该是她细心地记下每一位新生的生日,给刚刚进入大学独自面对生活的懵懂大一新生们送上一丝温暖,这让我深深感受到了厦大引以为傲的人文关怀。

真正开始与林老师在工作上接触比较多,是我到大二时在学院青协工作。走过了大一的青涩,能有幸参加一些学生工作,这既是对自己的锻炼,也是自己能在志愿者活动中为同学和社会做出的一点贡献。林老师作为分管青协事务的指导老师,在我的成长过程中给了莫大的激励和帮助。林老师对待事情一丝不苟,在办活动方面体现得淋漓尽致。我第一次举办"阳光小队"志愿活动前,辅导员跟我一起核对了活动的具体流程,虽然举办活动都是按照之前的规定来,但是林老师还是仔细跟我核对活动的每一个具体的细节,从人员的通知、物资的准备和落实,到预算和报销等一系列。她对工作的严谨认真也深深影响着我，在以后的工作中，我也始终以她对工作的那份态度为榜样，不断地鞭策自己。

也是机缘巧合吧，从2018年开始，学校为每个辅导员配一位兼职辅导员，我也有幸成为林婕老师的兼职辅导员，并且一直持续到现在。这一年多的经历，让我更加了解林婕老师，同时也对辅导员这个行业产生敬意。在开始做兼职辅导员之前，我就像大多数人一样，觉得辅导员这个职业并没有什么存在感，无非是天天在办公室值班，联系家校，处理一些日常事务。直到自己做了一些相关的事务，才明白辅导员作为同学们求学在外最坚定的心灵港湾和思想后盾，是多么不可或缺。同时，我也对林老师在工作中对同学们无微不至的关心产生了深深的敬佩。

作为2015级本科生，我们年级很幸运成为林婕老师完整地从入学带到毕业的一届本科生，因为林老师从2018年开始就负责学院所有研究生，所以我们有可能也是她带的唯一一届本科生了。本来研究生三个年级300多人都要由林老师负责，任务已经比较繁重了，但林老师还是义无反顾地接下了继续把我们年级带到毕业的任务。就像她之前在部门工作中经常教导我的那样，做事情要有始有终，办活动是这样，从事工作是这样，做人也是这样。

林老师对同学们的关心也是无处不在的，作为她的兼职辅导员，我更有资格这么讲。每一次假期留离校登记，她都会按照最高标准核实每位同学的去向，努力了解每位同学的动向和返校信息，不厌其烦。对于每位同学的学业状况，我想这本来不应该算她的工作范畴，但她也希望通过支部党员了解和帮扶的形式，及时给予那些学习方面有困难的同学力所能及的帮助。就我所知，在她的发起和督促下，我所在本科生党支部就开展过数次长期的课程帮扶和一对一帮扶。对于心理上出现问题的同学，林老师也总能敏锐地察觉到，办公室座谈很常见，她对需要长期心理辅导的同学进行有规划性的座谈和信息了解，能定期给他们加油鼓劲。

跟着林婕老师一起工作一年多来，让我印象最深刻的是在毕业季时，她带我一起做毕业生的报到证和档案材料整理的事务，在这里我真正感受到了林老师对于工作的热爱和她对自己的高标准、严要求。她告诉我，她当年刚入职时，也是摸索着做毕业生信息核对，报到证的开具关系到每位同学的工作，我们做的时候要格外小心，一点差错也不能出。她总能在我整理好的表格中一眼看出问题所在和错误的地方，同时也让我在反复的修改过程中更加细心了起来。同时她的完美主义情结也"摧残"了我，表格需要什么样的，打印格式，排序方式是什么样的她都有严格的要求。直到我俩一起到就业科跟相关负责人提交核对信息表格和领取报到证的时候，被不住地夸赞我们是为数不多的一个问题也没出现，不需要返工修改，我才发现前面反复核对的工作是值得的。林老师就是这样的一个人，她宁可让自己付出更多的时间和精力，也要把工作做到极致和无可挑剔，可能只是为了让接手她的工作的人更方便一些吧。她经常教导我要做一个"靠谱"的人，她是我见过的最靠谱的人，她的这份精益求精的靠谱，换来的是别人对她的工作的信任和放心，我想这是她身体力行教会我的最为宝贵的财富。

辅导员，这一在很多人口中似乎可有可无的角色，在我真实地做了这方面的工作之后，才更清楚地认识到它的不可替代。军训操场上，顶着烈日为同学们加油鼓劲的是她；迷茫消沉时，孜孜不倦地做着心理辅导的是她；节假日里，时刻关心你的去向的是她；甚至在我下笔的此刻，2020年1月28日0点，大年初三，为了了解新冠肺炎疫情下同学们的安全情况，她还依然活跃在微信群里。"我一直在线，看到通知，并且有第一或第二点的同学请马上联系我。""看剧等大家,别怕打扰我,有情况的一定要报。"看到这样的消息我多想跟她说一句:"您注意休息,感谢您!"林婕老师,我朋友圈里的晒娃狂魔,我们班的资深八卦达人,也是我对待工作生活观念养成的引路人,我们大学阶段成长成才的守护者,我的厦大辅导员,我的幸运。

作者简介:牛帅星,男,河南洛阳人,厦门大学建筑与土木工程学院岩土工程专业2019级硕士研究生,曾于2018—2020年担任建筑与土木工程学院兼职辅导员。

湛蓝风华，重重如画
——记我的多位辅导员

◎ 沈雅威

◎ **人物名片：**

吴珊珊，女，中共党员。2004年起从事辅导员工作。现任厦门大学外文学院团委书记、辅导员。曾任海洋与地球学院团委书记、辅导员。多次获评厦门大学优秀辅导员、优秀共青团干部。

侯佳君，女，中共党员。现任厦门大学海洋与地球学院组织员。本科毕业时加入厦大研究生支教团，硕士毕业留校工作，曾任海洋与地球学院团委副书记、辅导员。曾获评厦门大学优秀辅导员、优秀共青团干部等。

曾隆隆，男，中共党员。现任厦门大学海洋与地球学院党务秘书。曾任海洋与地球学院辅导员。曾荣获全国大学生海洋知识竞赛优秀指导教师，厦门大学优秀辅导员、优秀共青团干部等荣誉称号。

左一吴珊珊，右一侯佳君，右二曾隆隆

多年后，我站在群贤南路路口，仍会想起接到兼职辅导员面试电话的那个遥远的午后。

2014年9月，我刚上大四，因为惯于深居简出，对于辅导员的认知限于学院各类通知短信和邮件。看到了兼职辅导员招聘，我便大胆报了名参加了面试，并成功被录用。接下来的两年，我重新认识并记住了"高校辅导员"这个闪亮的名字。

在工作中领我"入门"的是辅导员侯佳君老师。她是个"老厦大"，有非常深厚的厦大情结，用她的话来说，厦大可以用一生来陪伴。本科毕业后，她先是到宁夏支教一年，然后继续读研，毕业后毅然决然加入了辅导员队伍。工作第一年，我们一起并肩作战，印象最深的就是毕业生就业工作。这是我在她指导下全程参与的第一项战线最长、任务最重的工作，即核对每个应届毕业生的个人信息，跟进和指导毕业生就业，收集整理就业材料，明确档案和户口去向，审核就业方案以及更新就业信息系统……偶尔我会发发牢骚表示任务太重，佳君老师理解我的狼狈，温言鼓励、共同解决问题，给予了充分的信任和支持。还记得5月的就业方案审核现场，午后的日光侧洒在那张写满黑色字迹的学生毕业去向表上，定格成难以忘记的美好画面。

因为兼职辅导员的工作、毕业设计以及本科生科研项目，大四一年的我比前三年加起来还要忙碌。看我苦恼于分身乏术，佳君老师安慰我说："要学会处理多任务，分清楚轻重缓急，冷静面对，不要急躁。"这话我一直记得。其实，反观辅导员老师们的工作日常，那才是真的"多任务王国"，一年被划分为若干个"旺季"与"淡季"。新生来了，迎新、军训、新生入学教育；毕业季，毕业生就业工作、毕业系列活动、毕业生档案整理和寄送；节庆时期的策划、开展、组织动员，平日里各项通知和任务接踵而来，细细碎碎、纷繁复杂，一时也说不完全。毫不夸张地说，但凡与学生有关的事，都和辅导员有关。

希平楼二楼有两间屋子是辅导员老师们的办公室，工作日进出的学生和老师都不少，靠墙的几个书柜摆满了证书、台账、申请和表格，几位辅导员老师埋头苦干，几台电脑噼啪作响。有师生进来时，辅导员老师们热情迎接，满脸笑容，细致耐心地答疑解惑。

我的上一任兼职辅导员吴燕艺曾说："我一度以为辅导员这个职业是超人才能干的活儿。工作烦琐且细碎，但是他们不抱怨、不急躁，事事尽全力去完成，因为这些工作关系到每一位学生。印象最深的，不是某个具体的事例，而是辅导员们处理事情时飞快地敲击键盘的声音，是他们事无巨细的工作内容以及认真负责的态度。"同一时期任兼职辅导员的吴淑妃在聊起这个话题时也不禁感叹道："常常是已经过了中午12点，他们还在埋头工作，不知什么时候才能吃得上午饭，办公区最晚熄灯的永远是辅导员办公室，用'辛苦'二字也不足以形容学院的辅导员们。"偶尔，我们兼职辅导员或学生助理也和辅导员们一起奋斗，分担几分之一的任务已觉得焦头烂额。而更多的时候，辅导员们得独自面对满屏待处理的任务，从渐昏暗的日光到渐明亮的星光，一天的工作结束，才匆匆乘夜风踏上回家的路。在我看来，辅导员们常常在大家看不到的幕后辛勤准备、蓄力，当灯光亮起，他们不是站在台前的人，而是默默地支持，做那个欣慰鼓掌的人。

两年的兼职辅导员工作结束后，我又回到普通学生的状态，将更多精力放在自己的学习科研上，但辅导员老师依然是我身后最温暖的依靠。2019年1月底，寒假刚开始的时候，我的母亲被查出小脑处长了一个肿瘤，需要手术切除。2月，我们一家三口来到了上海的医院，因为肿瘤所在的位置很危险，需备血充足医院才给做手术，只能等待。上海的初春一直被凄风苦雨包围着，元宵过了，正月结束了，开学一周了，手术仍没有动静，我决定先回学校。回校后第二天突然接到电话，说父亲身体不适差点晕倒。我一分钟都不敢耽搁，急忙到学院完成报到手续，准备请假返回上海。辅导员曾隆隆老师知道情况后，关心医疗方案和手术费用问题，一直安慰鼓励我，并在我赶回上海后多方奔走，帮我申请学校的爱心急助金，发动学院师生募捐等。其他几位辅导员老师在得知情况后也给了我很多帮助和支持，对此，我感念不忘！正因为我也曾是学工组的一员，内心的触动更深。

燕艺说："两年的兼职辅导员工作经历，让我感受到了学工组这个大家庭的温暖，让我从一棵默默无闻的小草拥有参天大树的自信模样。"淑妃说："各位辅导员老师敬业、认真，同时对人亲切、友好，就像朋友一样。"人同此心。2019年10月底，由于学校工作安排，院团委书记、辅导员吴珊珊老师离开了"海洋大家庭"，学生微信群被不舍与祝福珊珊的话语刷屏，一场线上总结会让很多人热泪盈眶。一站告别，人们兜兜转转的几年时光，淘漉下的记忆像金子般闪闪发光，吐露的是最真实的情感。

2020年初，因新冠肺炎疫情影响，学校尚未开学，身在五湖四海的厦大学子虽未能回到学校，但新一轮评奖评优工作、党团支部线上活动等还是有序开展。我知道，"湛蓝风华"的辅导员老师们仍坚守在自己的岗位上，依然和我们在一起。

作者简介：沈雅威，女，厦门大学海洋与地球学院2011级本科生、2015级硕士研究生和2018级博士研究生，先后就读海洋生物技术和海洋生物学专业。曾在厦门大学海洋与地球学院任兼职辅导员2年，在厦门大学官方微信团队任文编4年，喜欢阅读与写作。

良师·益友·家人
——记我的辅导员杨璐老师

◎ 穆拉迪力·阿卜杜喀迪尔

◎ **人物名片：**

杨璐，女，中共党员。现任厦门大学学校办公室秘书。2016年至2020年任厦门大学法学院辅导员。她，是厦门大学法学院青少年法治课堂的"推动者"，带领同学们用自己的知识回馈社会；她是厦门大学大学生法律援助中心和党规党纪学生研习社的"掌门人"，引领同学们用创新的思维展现自我；她是学生学习生活中的"好帮手"，帮助同学们直面挫折乘风破浪。她是要求严格的"杨老师"，更是温柔体贴的"璐天使"，在平凡的学生工作岗位上演绎着温暖而不平凡的故事。

杨　璐

如果让我用一个词来形容厦门大学辅导员们，那么我的答案一定会是：天使。这要从我和我的厦大辅导员之间的故事说起，她是我求学路上的良师、益友，更是家人。因为有许多和她一样的师长，让厦园里的一草一木都镌刻进了我的生命里，从此，我爱这所学校，这里便如我的家！

如果要问，当我遇到烦心事，在学校第一个想到的人是谁？我会说，是我的厦大辅导员杨璐。比起杨老师，我们更喜欢称呼她为：璐天使！天使这个昵称的由来，要追溯到法学院90周年院庆那年。那时，厦大法学院毕业的她刚调回法学院担任辅导员，组织了一个为母院献礼的"天使朗诵队"，我也是其中的一名队员。渐渐地，"璐天使"这个称呼，在法学院也传开了。

我的厦大辅导员，是我离家千里求学时最温暖的港湾

要说和"璐天使"的故事，就要从大一那年的暑假开始说起。那是2016年的9月，开学日正好碰上了我们的传统节日古尔邦节，而我从12岁起就离开家在外地求学，每年只有暑假才能回家，8月底就返校了。算起来，当时已经7年没有和家人一起过节了。这一年本想着有机会在家过节，却碰上了开学日，当时"璐天使"刚刚担任我们的辅导员，我小心翼翼地向她请假，本以为老师会要求我按时报到，没想到"璐天使"回复我："人生最难得的时光是父母子女共享节日的欢欣，7年的求学，想必你非常想念和家人过节的日子吧，今年和家人开开心心地过节，等过完节再回学校吧，祝你和家人节日快乐！"看完"璐天使"的消息，心里涌起一股暖流，那一年的古尔邦节，是我过得最快乐的一次节日。等回到了学

校,"璐天使"主动找到我,问我节日过得怎么样。原来,她担心我过完节就回校,难以忍受团聚又离别的失落,鼓励我参与法学院 90 周年院庆活动,作为朗诵队的一员参与朗诵节目。

我的厦大辅导员,是我投身国际法事业的引路人

慢慢地,我和"璐天使"熟络起来,有事也开始向她请教,最让我受益匪浅的莫过于国际法模拟法庭辩论队的报名了。那是大二开学,国际法辩论队开始纳新,我心里一直犹豫不决:我想尝试,但总觉得自己能力不够。于是我找到"璐天使",向她"诉苦"。她说:"小朋友,你不尝试怎么知道呢?国际法辩论队多么好的一个平台,无论如何都值得尝试!"她还帮我多方打听"小道消息",不断地给予鼓励,从那一年起,国际法辩论成了我大学时光中最重要的一段记忆。

我的厦大辅导员,是我法语学习的好前辈

最让我感动的,莫过于她鼓励我学法语的经历。大二的时候我痴迷于法语,每天都会在朋友圈"打卡","璐天使"看在眼里,记在心里。有一天,她突然把我叫到办公室,问我法语学得怎么样了,她有一位法语系的师兄要介绍给我。过了几天,她和师兄邀请我一起吃饭,吃饭的地点特意定在了学校附近的北疆饭店,以飨我这个新疆人。吃饭的过程中,我被师兄流利优美的法语深深折服,当时我就暗下决心,一定要认真学法语。那一天我才知道,"璐天使"还在法国留学过一年。从那以后,"璐天使"经常检查我的法语学习情况,还把她的法语杂志借给我看。

我的厦大辅导员，既是鼓励我前进的风帆，也是矫正我前进方向的舵手

时光荏苒，与"璐天使"相处的小心翼翼和拘谨慢慢地被自如大方取代，她的办公室也成了我常去的地方，开心的事和她分享，难过的事向她倾诉，迷茫的事向她征求意见，无聊的事向她讨要一杯茶。不过我慢慢发现，她开始挑我的"毛病"，说我这里做得不好，那里有待提高。曾经也惆怅不服过。直到有一天，另一位老师找到我，说我的辅导员向他推荐了我，问我要不要在他的指导下参加一个国际专业比赛——那是我非常想参加的一个比赛。我喜出望外，马上找到"璐天使"，给她讲了这个好消息，她却仍是鞭策我戒骄戒躁。我问她："为什么不夸我了呢？"她说："你这孩子，要是老夸你，你的尾巴估计都能翘到天上去，指出不足更能帮助你成长。而能让你有更高的平台去锻炼和施展才华，作为你的辅导员是一定会不遗余力推荐的！"

"璐天使"啊，就是这样一个人，她既像同龄人一样亲切，也因身为师长而循循善诱。她用自己独特的人格魅力感染你、鼓舞你，让你在平凡的人生里，尝试去做不平凡的事。

四年半的时光里，"璐天使"是良师，是益友，更是家人。闭上眼睛，大学时光好像电影胶片在一幕幕回放，有关天使总有说不完的故事。没有写出来的，就放在心底珍藏。温暖的人儿，温暖的故事，温暖前行的路。

作者简介：穆拉迪力·阿卜杜喀迪尔，维吾尔族，新疆和田人，厦门大学法学院 2015 级本科生，2019 级研究生。曾获福建省大学生"马克思主义能给予我们什么"主题演讲比赛一等奖、全国大学生海洋法国际模拟法庭辩论赛团体亚军和亚太地区企业模拟并购大赛团体冠军。

最美的遇见，最好的开端
——记我的辅导员贾君老师

◎ 余文杰

◎ **人物名片**：

贾君，女，中共党员。现任信息学院辅导员、讲师，国家二级职业指导师。曾任航空航天学院辅导员。连续多年参与校心理健康教育、形势与政策课程授课以及职业生涯咨询。曾获评厦门大学优秀辅导员、暑期社会实践优秀带队教师，获得辅导员素质能力大赛优秀案例分析奖等荣誉。她非常贴近学生们的生活，同学们亲切地称呼她为"君姐"。

贾　君

入学前，对大学充满无限向往。入学后，身边的一切既熟悉又陌生。熟悉是因为这些点滴伴随我们的生活，陌生又在于成就这些的人往往被我们忽略。

她是我大学二年级时的一位辅导员——贾老师，第一次见到她感觉看到了小学时的老师，声音柔和，双目有神，每次和老师交流总有如沐春风之感——温柔，想到少时轻柔的呵护和梦想。我见过老师工作忙碌的样子，熙熙攘攘的人群，掩不住她的身影，也埋不了她的轻柔笑声。无论是聊天，还是讲评，她总带着笑意。

大二第一学期期中考阶段，贾老师站在讲台上说："现在陆陆续续有挂科的情况出现，我希望大家能引起重视……"我听见老师的声音洪亮，不厌其烦地向我们强调自主学习的重要性。记得有一次我需要申请教室，找贾老师签字批条，我进入院楼，找到办公室，门是关闭着的，我担心老师可能在休息，试探性地敲了敲门。几乎同时，温和的女声示意我进入："请进。"

开门，第一眼见到的是正在办公的贾老师，她聚精会神地对着电脑敲打着键盘，意识到我进门，微笑着问我："有什么事情吗？"以前见过贾老师不少次，但都是远远看着老师的身影。我第一次近距离地接触老师，同时能被如此亲切相待，让我有些紧张。"老师您好，我……"

那次经历，也刷新了我对辅导员老师的看法。比想象中还要温柔，尽职尽责的工作态度，轻柔的声音，浅浅的笑容……这一切带给我深刻而具体的记忆，无法忘怀。

不止一次，见到过贾老师出入我们教学课堂，观察我们的上课情况，在不经意间观察到的，是她注视着我们课堂，眼中闪烁着的光亮。看似小事，很容易湮没在大学纷纷扰扰的事情中，但我想正是这些被他人关照的点滴细节，成就了大学生的我们。

大学的生活是紧张局促的，初来乍到的热情也渐渐磨灭了，时而为考试担忧烦恼，时而彷徨于单纯又复杂的人际交往中。夜晚的湖畔，静谧清幽，微风轻拂，涟漪阵起的湖面泛着路边倾泻的微光——一切都在静静地流淌。当时困惑而执着地思考着："未来，我能做怎样的人，我会有怎样的未来。"我塞上耳机，像一位诗人，立在桥中央，望向湖面，可湖水无言，晚上湿润的空气充满着我的鼻腔，也湿润着我的眼眶，新鲜而青涩。对啊，初来乍到，一切都还是那么新鲜。高考前，我哪里会想到，我会在这样的蓝天白云下，绿衣宛地，熏风似舞，也不曾想，以前焚膏继晷，醉心学习的我，会懒散怠惰地虚度光阴。我也曾即事尝胆，苍生察眉，而如今，各种作业，左右传抄；也曾暗下决心，不寐听金钥，因风想玉珂，而如今也在游戏里，破口大骂。怀旧感、新鲜感与愧疚感交织，我开始迷茫。

渐渐地，眼前闪过一幅画面，一个身影——那是贾老师观察我们上课情况的身影。我不知道为什么辅导员老师在那一刻浮现在我的脑海中，但那一刻，我猛地清醒，老师眼神中的光亮，清明地透露着有关真挚、真理的隐秘情感，更有关于成长的呵护和陪伴。清冷的夜，我却分明地感受到了名为"陪伴"的温热。而这些，跨越漫长黑夜，一瞬间击中了我的心，内心的阴霾一扫而空，消颓的心情豁然开朗。茫茫的夜，跳动的心被老师眼神中的温度所感染，我渐渐有了力量。面对未来，谁都没有确切的答案，但是漫长的求知路上有无数人在默默陪伴着我们，帮助我们对抗蹉跎和彷徨。

记得那是一次航院的年级大会，大会面向全体学生，重要程度不言而喻。偏不巧，大会前一天我患了支气管炎，前脚刚从校医务室出来，后脚就收到了班委通知有关年级大会的消息。我头晕恶心，眼睛只关注到了消息中的"需要全体参与"。第二天仍旧没有好转，无奈只好找贾君老师寻求通融。虽然自己的病没有多么严重，但外出总有些不舒服，再加上意识中"我是个病人"的影响，心里多少带着找到了理由不去参加大会的侥幸感。"老师，我有些不舒服，我能不去吗？"屏幕后面的我有些忐忑。"医生说是什么原因？""呼吸道感染。""严重吗？现在感觉怎么样？多注意休息呀，多喝水，好好照顾自己的身体。""谢谢老师的理解。""没事哈。"对大多数人来说不起眼的小事，对那时的我来说意味不同，不单单只是借病不用参加会议的侥幸感，更多的是上大学以来第一次生病还有人在乎，有人关照。"你还好吗""好好照顾自己"，类似的信号，对于独身在异地读书，缺少和家里人沟通的一个普通学生来说，是种及时的问候，良久的关怀，是种感动。这时才明白自己想家了，才明白这种想家的冲动在释放前被另一种温柔恰到好处地填补了。

我曾好奇过，辅导员老师的工作是怎样的，他们忙碌的身影总是给我留下深刻的印象。他们做好随时出勤的准备，24小时电话全天候接待，做好家校协调，安抚学生，督促学业，指导规划，及时帮助学生从困苦的境遇里走出来……"合抱之木，生于毫末"，她断然不是从一个普通人突然做到如此尽职尽责，我很难想象在这中间老师经历了怎样的困难、挫折、打击、磨砺才成熟如斯。所以现在的我，就算是一株树苗，也要学会，坚强地长大了。

我们学会关爱别人，同时也被别人呵护以待。在我们看不见的背后，有数不清的人默默陪伴。漫漫前路时常令人生畏，看不清路，道不明方向。我们一贯埋头向前，自以为负重前行，却时常忽略，背后有这样的一群人,在我们的身后庇佑着我们。

作者简介:余文杰,男,厦门大学航空航天学院电气专业2018级本科生,曾任航空航天学院干事,现任航空航天学院心晴工作室副主任。

(本文撰写完成后,得到厦门大学航空航天学院2019级本科生蔡子贤同学润色。)

你陪伴我们,似暗空星火
——记电子科学与技术学院辅导员严威老师

◎ 张　菁

◎ 人物名片:

严威,男,中共党员。2017年留校任辅导员。现任厦门大学电子科学与技术学院辅导员。学生心目中的"威哥",简单平凡,乐于助生。

浮梁一厦实践队与严威(中间黑色衣服)合影

我常常在想，18岁来到厦园以后经历的一切，是否冥冥之中自有天意？是什么样的缘分，才会让来自天南海北的我们跨越千里，最终相会于斯、求学于斯、成长于斯？

大学生活快要过去四分之三，而今再想起初来时的情景，不觉感慨万千。在这所有着"南方之强"称号的中国最美学府，我有幸遇到了许多友善的师长和热心的同学，也从陌生或熟悉的朋友那里收到过数不清的鼓励和关心。回忆的瞬间总有忍不住热泪盈眶的时刻：那些温暖，那些感动，那些我迷茫彷徨时的相伴，是支撑着我重拾梦想、继续前行的持久动力。

严威（威哥）便是其中一位对我影响很大的老师。他是电科的2018级辅导员，但并不是我的辅导员老师，那么我们又是如何认识的呢？

这就不得不从一系列意外说起了。

初识威哥：手握我调宿"生杀大权"的公寓办老师

第一次见到"严威"这个名字，是在学校调宿申请的流程页面上，我的申请到了这一步就停滞了几天，显示"等待严威审核"。我按捺不住，决定亲自去一趟公寓办"刺探军情"，准备发挥我的演讲口才与逻辑思维，以情动人、以理服人。未见其人时，仅看名字，心里便有如临大敌之感，"严威"，"威严"，莫名地让我想起了中学的一位长得虎背熊腰、满脸横肉的训导主任，其威吓调皮捣蛋学生的功夫，堪称一绝。

现在想来，其实当时让我想要调宿的并非什么不可调和的宿舍矛盾，我大一的舍友们为人都不错，大家相处得也算融洽，只是我那时从一个高中的理科生，来到人文学院，学业适应的压力很大，我对自己要求又很严格，无时无刻不想安静地自习。在这种精神紧绷下，舍友们日常的谈天说地就让我烦闷不已，我因为感兴趣的话题不同无法加入她们的对话，睡前阅读的习惯也被打断。加之我本人喜欢在自然光下阅读，但我的桌子不靠窗，只用台灯，我的眼睛又很不适应。于是我就以一种大义凛然的口吻写了调宿申请，大意就是除了上述理由外，还有大学是很宝贵的，一分一秒也不应浪费，希望能随时随地都可以学习云云。因为调宿，我和公寓办持续沟通了一个学期，才挨到待芙蓉区宿舍主管老师审核这一步。

怀着这份复杂的心情，我来到了芙蓉区公寓办的办公室。那是一间位于勤业餐厅后的办公室，坐落在山上，视野不错，虽然空间不大，但一切都井井有条：木板上贴着值班考勤表和注意事项，纸质文件分门别类竖立在学生助理的桌上。靠窗的办公椅上坐着一个黑黑瘦瘦的青年人，戴着一副眼镜，正在与人通话。我耐心地等着，过了一会儿来了位学长，在靠墙的位置上坐下，问我何事，我赶紧报了宿舍号和申请事由。这时青年人通话也结束了，过来查看，我问他是老师还是学生，很惊讶地得知他正是主管芙蓉片区宿舍的严威老师！

我说："我还以为你是学生助理呢！真看不出来。"

他一笑，显然被我逗乐了。

我对状似学生的老师向来更少隔阂，于是和他闲聊，问起毕业几年，哪里人等，聊得很投机。公寓办的氛围并没有出现我预想中的紧张对抗，相反他立马就同意了我的申请，并告诉我还要准备哪些材料。

正事落定，我悬着的心放了下来，一高兴，趁着学生助理学长去隔壁办公室的间歇，还帮着接了个电话："喂，您好，厦门大学公寓办！"情绪饱满、态度专业，严老师看得啧啧称赞。

"严威"并不如我想象的"威严"，第一印象之后，我的"调宿大业"尘埃落定。

再遇威哥:"浮梁一厦"暑期社会实践队的指导老师

2018年,我报名"互联网+精准扶贫"暑期专项实践,是被同在校学生会学术部的干事邀请的,他还找了他们电科的两位同学,后面为着宣传组队需要,我也找了一位新闻传播的同学和一位外文的同学。我们有一个实践地清单可以从中选择,当时在一堆陌生的地名中,唯有"江西浮梁"引起了我们的注意,毕竟白居易《琵琶行》的"前月浮梁买茶去"我们都耳熟能详。

我们起队名"浮梁一厦",并被分派了一位指导老师——我再次看到了"严威"这个神奇的名字,心里暗忖:莫非此"严威"就是彼"严威"?公寓办的画面从我脑海中一闪而过,我马上想起了那位说话不疾不徐、看着很像学生的黑瘦青年。后来实践队开会,发现还真是,我们都叹,缘分啊!

那个小学期于我而言极不寻常:我因修了7学分的全校性选修课而繁忙,又同时参与了2份兼职工作和几个志愿者工作,最主要的是当时热血沸腾组织了一个英语创业团队。为了后者,我曾连续通宵5个晚上,在这种亢奋和高压的状态下,悲剧发生了:一个傍晚,当我一人提着满负荷的开水瓶上二楼时,开水瓶晃荡着撞到台阶上,当即炸裂了。我的脚被烫伤,当晚被救护车送到医院急诊。

此时恰是实践临近的日子:经过前期两个多月的策划,我们实践队终于在严老师的协助下,联系上了当地政府对接人员(一位厦大校友),并与之敲定了7月28日至8月4日的具体行程。而我左脚包扎着纱布,还要定期去医院换药。这让我十分为难,一方面不愿意影响实践工作,另一方面又怕随行造成更多不便。队长早已为我们买了车票、保险等,他希望我一同去实践。最终我带上病历和大家去了,准备到当地医院换药。

扶贫实践的每一天都很辛苦,白天要实地走访不同的地方,办宣讲会、了解情况、拍照,晚上要写新闻稿和发布微信推送文章。行程结束回到住所,严老师和王学姐还要带我去换药。我们都是凭着一股顽强的毅力顺利完成了这一次社会实践,后来想起却觉得十分幸运,因为既留下了难忘的回忆,也增长了见识。

犹记得前往浮梁的第一天,严老师化身"专业领队",时不时确认我们是否都跟上了,有无人落下。他并不健谈,在火车上只是看着我们紧张有序地编辑排版。

渐渐熟了后,我们都喜欢叫他"威哥",大概因为这一称呼既霸气又比"严老师"更显亲切。到了当地,他嘴上说着"这是你们的实践",装出置身事外的样子,实际上却细致地提醒我们第二天注意事项,几次在晚饭后敲门给我们送水果和零食,犒劳辛苦写稿的我们。而我们则软硬兼施把威哥拉入写新闻稿的阵营,同样用零食犒劳陪着我们熬夜、帮我们改稿的他。

实践期间还有一件小事。有一次晚饭后,我跟着威哥去附近散步,我们来到环湖公园,走了一圈又一圈,也是这次散步,我与威哥交流了许多,关于未来、关于选择。我听他叙说自己亲历或听闻的故事,启发很大。尤其是他最后给我的忠告,在实践结束后的一年,在我遇到了相似的情况需要处理时,对我帮助极大。

生命中有很多偶然,如果不是因为这次实践,我也没有机会与威哥进行如此深入的交流,得到威哥的关怀与建议。

返校后,我一人留在宿舍,拖着尚未痊愈的脚,搬东西不便,还是威哥帮的忙,把我沉沉的床上书桌、储物柜等从二楼搬到五楼。 我拿手机拍下他搬柜子的背影,开玩笑地说:"公寓办该给威哥出个推送了,题目就叫'公寓办老师离职前做了这样一件事……',感动厦大,有图有真相!"说着晃了晃我手机里的照片。

看着他搬完重物汗涔涔的面容,我既感激又有些赧然:少有老师能如此放下架子,像朋友一样救助我于需要之时。 我们去景德镇时,我买了一个小小的瓷碟,想趁他来帮我搬行李时送给他,但他坚决不肯收,于是这个瓷碟,连带着一封感谢明信片,至今仍留在我新宿舍的书架上。 我们实践队全体成员提出想请他吃一顿饭,也被他婉拒了。

总结视频里,他对我们说:"8 天的社会实践,我感受到 8 个小伙伴的能量,感受到他们的用心,也感受到他们的努力。 孩子们,你们很棒! 扶贫是一项持久性的工作,要水滴石穿、久久为功。"

威哥后记:"亦师亦友"的电科 2018 级"萌新"辅导员

新学期开始后,威哥从公寓办主管老师调任电科 2018 级辅导员。 我相信他一定会是很接地气的辅导员,深受学生喜欢的那种——我们去参加电科实践总结大会答辩时还见到威哥和 2018 级几个学生交流的情景,学生们很明显都愿意找他聊天。

威哥也是我想不通问题时会去寻求建议的人,尽管他不是我的辅导员。 大二时我曾一度纠结转专业的问题,为此苦恼困顿,找威哥倾诉。他耐心地听我讲完,接着分享了他的成长和求学过程:从"全村的希望"到考上厦大读书,毕业时本来都签约了厦航,结果又得到母校通知可以留校当辅导员,一番思考之后,他毅然选择了回来。 他说自己在做学生时当学生干部，组织能力得到了锻炼，也很喜欢和同学沟通，就像他现在当辅导员可以不断激励他的学生一样。有些事情他自己未必能做到，但是他的学生可以做到，所以他说当老师就是"不断地去鼓励学生往前冲"，有时学生自己都不知道能冲多高，但是老师应该鼓励他充分发挥自己的潜能。

听他分享自己确定职业的心路历程和工作感受，当时的我对未来的焦虑和迷茫顿减，不再急于决定要转到哪一个专业，而是沉下心思考我的性格特质和我的理想追求。尽管现在我依然没有明确的规划，但至少我不再恐慌，有了从容探索、一步一步向前走的勇气，我有了更多信心找寻通往未来的路。

大三第一学期，去港大交流前，我又去找过一次威哥，在他辅导员办公室的隔壁休息室蹭茶蹭吃。他笑说那是他学生谈心的地方：只有他和学生，喝着茶、吃着点心，与窗外路人隔开的单独空间。那个午后，我们一边泡茶一边闲聊，任时间流逝，听威哥讲他当辅导员一年的见闻和收获，犹如两个许久未见的老友。

我不得不补充一点，我在大学期间的"生命教育"绝大部分来自威哥。因着他之前在公寓办管事的经验，以及当辅导员时阻止延期毕业学生轻生的经历，他常常对我说，珍惜生命，好好活着。这让我反思，一方面感到顺利毕业很是不易，另一方面也更加珍惜在校学习的机会。我不是一个人在上学，我的背后是一个家庭20年来的养育与支持，无论遇到怎样的挫折，也不值得我自暴自弃，彻底否定自己。

结　语

心中有威哥,脚下有力量;你的相伴,是暗夜里的光;想起来的时候很温暖。

作者简介:张菁,女,厦门大学社会与人类学院人类学专业2017级本科生。在校期间曾获2017—2018年国家奖学金、2019年唐立新奖学金等。现为中国人民大学硕士研究生。

我行其野，芃芃其麦
——记我的辅导员谢芃老师

◎ 张静文

◎ 人物名片：

谢芃，女，中共党员。本科毕业后加入厦门大学研究生支教团，赴宁夏海原县进行为期一年的支教服务。回校后考取厦门大学储备辅导员，现任厦门大学新闻传播学院辅导员。曾获厦门大学优秀辅导员等荣誉。

张静文（本文作者，左）和谢芃（右）

芃，草盛也。《诗经·鄘风·载驰》里说："我行其野，芃芃其麦。"这一句的大意是：田野里的麦子繁盛茂密，我慢慢在其中穿行。

她是我遇到的第一个名字叫"芃"的人，许是被称为"第一"的总有些特别之处，"芃姐"当之无愧地成为我大学生涯中最难忘、最不可替代的存在。

"从哪个门都可以进来的，正门进来就好啦"，"中山路离学校很近，打车的话直接定位学校就好，那边也有很多公交车可以到学校……"QQ页面上，一个"不明生物"头像发来一条条轻松愉悦的语音，耐心地向我解释去学校报到的路线。

这真的是老师吗？声音好甜。

"没关系，有任何不明白的事情都可以问我！"无论如何，这位昵称叫"你的辅导员芃"的老师，都使我对陌生环境恐惧不安的心情得到几分缓解。

没错，是恐惧不安。可能和绝大多数同学不同，三年前的我对大学生活并没有任何期待，我生命里所有令人压抑的事情似乎都在那一年发展到高潮，而我自然被视为那个打开潘多拉魔盒的钥匙，成为众矢之的。来自四面八方的压力像被封印在山下的妖魔，巨石刚被劈开一个缝隙，它们就迫不及待地如洪水猛兽一般向我袭来，将我包围吞噬，吸进黑洞般的无底深渊。我不敢回家，不敢面对所有人，不敢移动，也不敢发出声音，以至于在收到大学的录取通知时，脑子里只有一个想法：我能不能退学。

当然，我也不敢真的退学。"中国最美大学"的优美环境，校园里浓厚的学术氛围，班级里亲切友好的老师和同学都使我暂时放松了警惕，可我还是如履薄冰。我参加一切有时间参加的活动，包括填写了那张学生助理招募的报名表，不为别的，就为了自己没空去想其他事情。

就这样，我成了艺术学院辅导员们的学生助理。我的辅导员，大家都称呼她为"芃姐"，最初我是不太接受这个称呼的，老师怎么能以姐相称呢？可是我的这位辅导员，笑起来挂着两颗可爱的虎牙，每天蹦蹦跳跳地来办公室上班，对人总是无比热情，又的确像一个大姐姐，要不是亲眼见过她工作时高效专注的状态，我实在很难将她与学姐区分开来。她好像有一种神奇的、令人充满幸福感的力量，每次见到她，即使只是偶遇，我的心情也会跟着她明朗的笑容愉悦起来。

做学生助理，无非是在老师们忙碌的时候跑腿打杂，类似于倒水沏茶，整理办公桌，去哪里交份文件，找某个老师签字盖章，做一份经费报销单什么的，都是些微不足道的小事，我只需想着要怎么完成好老师交代的任务，不要出错，不给大家添乱就好。可每次做好时，都会收到芃姐真挚的感谢和毫不掩饰的夸奖，带我吃饭也是常有的事，好像我真的帮上了她什么大忙。"给你们介绍一下，这是我的小助理！"有人来办公室做事时，芃姐总会这样告诉对方我的存在，一瞬间打消我所有的陌生与不安。

谁不喜欢被认可呢？一直以来习惯被忽略的我，觉得什么事都做不好的我，也渐渐开始觉得：原来我也是有价值的。

后来，芃姐鼓励我参加各类学习和比赛，在学生会竞选中争取职位，每当有展示的机会，芃姐都会细心地给我讲解细则，就这样，从小小团委办公室建立起来的自我认同，逐渐变成一种强有力的自信。我做助理和学生会各项事务变得轻车熟路，组长、班委、队长、主任……需要校内合作的事我竟再也没做过组员，甚至去参加"互联网+"这种大型比赛，和经管各院组队商赛时，我依然是组长。这个过程说起来也许轻描淡写，但只有我自己清楚，我是如何用将近三年的时间完成这个转变的，我的高中同学们一定会讶异于我当下的状态。可改变不是一蹴而就的，芃姐了解我所有的缺点与弱点，也最清楚我偶尔可以独当一面的乐观形象背后依然是一个敏感的小孩，于是她就在我每个脆弱的时刻及时出现，耐心听完我的难过与不安，然后给出恰如其分的安慰与建议，用我最舒服、最易接受的方式保护着我。我知道她并不是一个很完美的人，但是我也想象不出更好是什么样子了。我不信神，但此刻我想，我的辅导员就是我的神。走进艺术学院团委 A203 室，是我在入学时做过最正确也最幸运的选择。

"有时候会想，生命里某些当时充满怨怼的曲折，在后来好像都成了一种能量和养分，因为若非这些曲折，好像就不会在人生的岔路上遇见别人可能求之亦不得见的人与事；而这些人、那些事在经过时间的筛滤之后，几乎都只剩下笑与泪、感动和温暖，曾经的怨与恨和不满仿佛都已云消雾散。"合上吴念真老师的书，那些不好的回忆，已经解决或未解决的问题，一幕幕地在我的脑海中重演。曾经我划着小船，在雾霭蒙蒙的夜晚独自出航，不厌其烦地将狰狞可恶的画面缚上岩石沉入深海。当清晨的阳光缓缓洒向这片海洋，过往就化成大小不一的气泡随海温升高而跃出海面，变得透明可视，变成一道道小彩虹映在我的脸上。原来不用删除记忆，我也可以如此直面他们。芃姐就是那个在我大学生活中冉冉升起的小太阳。

写了这么多，我还是写不出什么感天动地的大事，可我觉得，身为一名优秀的辅导员，这日复一日年复一年的爱与守护，本身就在累积着盛大的感动。这种感动不是带有感伤的悲情故事，而是充满感恩的人间美好。如果把每个人匆匆四年的大学生活比作一场演出，我们每个人都是舞台上的演员，辅导员的工作就像演出中不可或缺的后台工作。几乎在每一次的年级大会或是一些特殊节日，我们整个年级都会收到芃姐精心准备的小礼物。你看，她一点都没有变，依然是那么温柔细腻，用笑容与责任心，在无数小细节中，让我们从成年人的焦虑和压力中解脱出来，获得最简单纯真的满足和快乐，感受着人世间的善意。"我们辅导员是芃姐！"我们2017级的学生很幸福，因为可以骄傲地说出这句话。我只是她众多学生中的普通一员，我相信，一定还有许多同学像我一样在日常学习生活中收获来自她的感动，一定还有很多故事要讲。润物细无声，她总是用心地爱着我们每一个人。

于是，我在新一轮的辅导员评议中写下了这样的话：

"今天，我捡到一些月亮的碎屑，昨天也是，但我没告诉你。回家的路上，我的掌心一路发光，像走动的星星。我想，有一天，月亮会整个消失。到时候，你可以来我家，我们一起拼图，拼完打给太空总署。I love you more than three thousand times。"

作者简介：张静文，厦门大学艺术学院本科生。在学期间曾担任院学生会实践中心主任、2017级油画班心理委员、2017级美术系二班生活委员。获国家励志奖学金,校级优秀心理委员,院级优秀学生干部、优秀团员等多项荣誉。曾任厦门大学团委学生助理,2019年暑期赴云南大理弥渡县初级中学进行支教服务。

第三篇

长大后我就成了你

人生引路人
——记我的辅导员王洁松老师

◎ 尚 策

◎ **人物名片：**

王洁松，男，中共党员。多年担任一线辅导员、团委书记。现任厦门大学嘉庚学院党委副书记、厦门市高校辅导员协会副会长等职。2010年至2011年，在共青团福建省委学校部挂职工作。2013年至2014年，在教育部思想政治工作司借调工作。曾任厦门大学学生工作部副部长、厦门市高校辅导员协会秘书长。曾赴美国马里兰大学、英国纽卡斯尔大学研修，访问新加坡、马来西亚，以及中国台湾、香港等地的多所高校。2019年入选福建省思想政治工作中青年骨干项目（全省仅10人）。

王洁松

红了樱桃，绿了芭蕉，时光总在不经意间悄悄溜走，回首从大一入学至今，我已经在厦门大学见证了八年凤凰花的花开花落，那段最美丽的大学时光已经一去不复返，我也从一个懵懂少年成为一名辅导员。回想2011年我刚刚踏入厦大校园时，除了对大学的憧憬与向往，更多的是对人生的踟蹰与迷茫。在美丽厦园，我有幸遇到了许多好老师。其中，我的辅导员——王洁松老师对我帮助良多，这种正向的影响时至今日仍未停止，在我人生中留下了深深的烙印。

　　第一年凤凰花开，我初次走进校园，那一朵朵挂在树梢的鲜红的凤凰花在阳光的照耀下显得尤其绚烂夺目，似乎也在预示着美好大学时光的开始。在新生入学教育上，我第一次见到了王老师。第一面的印象是，他中等身材，衣着整洁而朴素，戴着一副黑框眼镜，双眼炯炯有神，透射着坚定，步履稳健，不苟言笑，略显严肃。他言语不多，语速平缓，话语却条理清晰，句句直击心灵、发人深省，无论是教育我们遵守校纪校规，注意安全，还是讲述大学之道、厦大精神，抑或引导我们树立正确的世界观、人生观、价值观，都让我很受启发。虽然当时他讲的大部分内容我已记不清了，但有一句话我至今印象深刻，那就是"有困难找辅导员"，对于一个刚刚离开父母、独自来到异地求学的年轻人来说，顿时感受到一股暖流。

　　那时候，我感受到辅导员是我们的依靠和港湾。

　　第二年凤凰花开，我已在厦大学习生活了一年，虽然取得了一定的进步，但为人处世还尚欠火候。正值药学院学生会成立，我有幸成为第一届学生会外联部部长。在我们部门全体同学的共同努力下，加上我大一在校级学生组织积累的人脉和经验，我们为学院拉到了很多赞助。做出一些成绩的我有些骄傲自满，不时四处"吹嘘"，甚至开会时与学长学姐争吵，王老师对此有所耳闻。一次，我又拉到了一笔赞助，兴高采烈地来到王老师办公室汇报"业绩"。王老师一开始并没有立刻夸奖我，而是给我递过他桌上喝了一半的茶杯，让我摇晃一下，只听茶水撞击杯壁发出"哐当哐当"的声响。王老师又笑着加满热水，盖上盖子，重新递给我，让我再摇一下，这次无论我怎么摇晃，几乎没有任何声响。看我若有所思的样子，王老师拍了拍我的肩膀，语重心长地说："你的成绩有目共睹，自身修为也要提升。浮躁的人就像这半杯水，做出一点成绩就大肆宣扬。一个真正有内涵、有本事的人就像这一杯水，虽满腹经纶却谦和沉稳。"我听完面红耳赤，羞愧难当，明白了王老师的用心良苦，自此收起了锋芒，埋头工作。

那时候，我感受到辅导员是匡正我们言行的严师。

第三年凤凰花开，我和另外两位同学合伙，开始了创业之路，主要向厦大师生提供数码产品销售服务。创业的道路上有时风光无限，有时也布满荆棘。我们创立了公司，取得了一定的业绩和一些奖项，但却始终无法突破校园市场，在社会立足。由于我们为了提升品牌价值，坚持做数码产品免费维修，资金链面临着断裂的风险，为了省钱，我们甚至吃了一段时间馒头和泡面。就在我们犹豫要不要坚持下去的时候，王老师主动找到我们，为我们分析了行业的前景和痛点，明确指出就高校校园市场而言，目前还没有集"咨询、购买、售后、维修、社群"全链条于一身的数码产品"4S店"，在厦大模式成熟的情况下可以复制到其他高校，这为我们指明了前进的方向。他一再鼓励我们不怕困难、继续坚持。此外，他还推荐我们参加几个有影响力的创业大赛，帮助联系申请学校和厦门市的创业基金。在王老师的悉心指导下，我们公司获得了福建省"创业之星"、第三届中国"互联网＋"创新创业大赛铜奖等奖项，营业额突破了千万，业务拓展到了 10 个省市 50 多所高校，我本人也获得了福建省向上向善好青年、厦门大学十大优秀毕业生等奖项。

那时候，我感受到辅导员是我们创业的指导专家。

第五年凤凰花开，我已经成为一名研究生，继续着学业和创业。王老师也在这一年离开了我们学院，来到学生处工作，我的内心不免有些失落。但有道是"有缘千里来相会"，就在这一年，我参加了一"马"当先大学生学习马克思主义理论知识竞赛，取得了全校第二名的好成绩，并有幸代表厦门大学参加福建省的比赛，而带队老师正是王老师。在备赛过程中，王老师多次放弃休息，与马克思主义学院的指导老师带着我们一起学习和讨论。他不仅给我们讲解知识点，更通过对党史和理论的解读让我们认识到中国共产党的伟大。由此，我对马克思主义理论、中国共产党党史、中国特色社会主义理论等有了更加深入的认识与理解，更加坚定了共产主义信仰。在王老师的带领与指导下，我们代表厦门大学获得了福建省团体第一名的好成绩。

那时候，我感受到辅导员是我们政治信仰的引路人。

第七年凤凰花开，面临毕业，我站在了人生的十字路口——该继续创业还是选择工作，我的内心既挣扎又困惑。这时候又是王老师主动找到我，询问我毕业后的人生和职业规划。我主动向王老师袒露了心声，不知该何去何从，选择就业意味着要放弃辛苦拼搏的事业，选择创业则存在风险且家人不同意。王老师耐心听完我的话，郑重地说："何不选择留校当辅导员呢？"见我若有所思，王老师又补充道："首先，有学生干部经历、创业经历和一'马'当先比赛的历练，相信你应该能考得上。其次，你可以用你创业积累的资源和经验，来帮助更多学生投身'三创'。最后，人生的价值也不仅仅体现在自己赚了多少钱。作为党员，帮助更多学生实现创业梦想，这样的人生不是更有价值吗？"听完王老师的话，我豁然开朗。的确，如果将来我也能像王老师那样，教育和帮助更多像我这样的学生更好地成长，实现人生价值与理想，为党育人、为国育才，人生不是更有意义吗？

那时候我感受到辅导员是我人生的导师，我也选择义无反顾地加入辅导员的队伍中。而当年和我一样，得到王老师帮助的另外两个原始创业的小伙伴，则继续走创业之路，现在也发展得很好。

第八年，凤凰花依旧绽开，同样鲜红的颜色勾起的却是无数即将离开的厦大学子的无限惆怅，一曲回荡在校园每个角落的《凤凰花开的路口》，更是不禁让很多人热泪盈眶。然而我却没有悲伤，而是全身心投入辅导员的工作。此时王老师从我的辅导员转变成了我的领导，然而对我的关心、指导和帮助却从未改变。他经常对学生说一句话："读书时我和你们是师生关系，毕业后就是朋友关系。"确实啊，他是这么说，也是这么做的。从学生向辅导员老师转变，从企业思维向机关事业单位思维的转变，不是一蹴而就的，我在工作中也难免遇到一些问题和困难。当遇到一些无法解决的困难时，我也会寻求王老师帮助，王老师会为我指点迷津，帮助我迅速熟悉工作、打开局面。

有人说人生有三大幸事：上学遇到好老师，工作遇到好领导，婚姻遇到好伴侣。我很庆幸自己能到遇到王老师这样的好老师、好领导。厦大正是因为有这样一大批的好老师、好领导，学校的事业才能不断蒸蒸日上，不断培养出优秀人才。随着时间推移，我对王老师的了解也越来越全面、立体。不熟悉他的人乍一看觉得比较严肃，或是觉得他就是个工作狂，实际上他是一个有为、有爱又有趣的人，交往越久，越被吸引。他认为要张弛有度、劳逸结合，适当参与高质量社交活动，他的唱歌的功力令我折服。

他胸怀宽广，工作中有任务抢着上，有荣誉往后退，热情关心和帮助年轻同事。他曾跟我说："常常和年轻人打交道，自己也会青春常驻。"是啊，虽然他工作年限比我长，但我总能感到他做任何事都充满了激情。他说："职业倦怠有时不可避免，但我们应当不断寻求新的兴奋点，通过强化内在驱动力来提升事业成就感。"他时刻关注社会思潮和热点问题对学生的影响，及时掌握学生的思想动态和行为特点，表情包、抖音、B 站（全称：哔哩哔哩网站，英文名称：bilibili）、唱吧这些年轻人喜爱的"潮"玩意儿比我用得还溜，他就是想通过这些，来感知时代的变化、社会的变化、青年的变化，沉浸式地体验青年亚文化，不断为自己输入新信息，为工作洞悉新变量。他非常重视理论和实践相结合，经常鼓励年轻同事要提高文字能力，多多开展工作研究。这些，都展现了他的学识才情和人格魅力，使他能够团结人、凝聚人，带领大家一起奋斗。这些，对我们"萌新"来说是多么宝贵的财富啊！

每一次面临困难和选择的关键节点，王老师都给了我必要的、及时的、无私的帮助，我想，这就是辅导员的使命、责任和价值。王老师是我一生的榜样，助益我更加坚定、自信地担负一个教育工作者、思想政治工作者的职责。

作者简介：尚策，江苏常州人，本硕均就读于厦门大学药学院，获得药物化学硕士学位，药学和经济学（数理）双学士学位。2018 年 7 月留校参加工作，担任公寓办辅导员，负责翔安校区学生公寓管理工作；现任化学化工学院辅导员。曾获得第四届中国"互联网＋"大学生创新创业大赛筹办工作先进个人、厦门大学 2019 年全国优秀大中学生夏令营优秀工作者等荣誉称号。

长大后，我就成了你
——记我的辅导员许美霞老师

◎ 揭上锋

◎ **人物名片：**

许美霞，女，中共党员。2003年留校从事辅导员工作。现任学生工作部（处）副部（处）长，曾任漳州校区学生工作站分团委副书记、校党委组织部秘书、环境与生态学院党委副书记等职。作为学生的知心姐姐，她始终和同学们在一起，倾听心声，答疑解惑，引领成长，深受学生的喜欢。曾获第四届中国"互联网+"大学生创新创业大赛筹办工作贡献奖，以及福建省优秀思想政治工作者、大中专学生志愿者暑期"三下乡"社会实践活动先进工作者、厦门大学优秀党务工作者、共青团先进工作者、军训优秀带队教师等荣誉称号。

许美霞

题　记

"所谓大学者,非谓有大楼之谓也,有大师之谓也。"1931 年梅贻琦在就职清华大学校长演讲时的名言,成为阐释大学内涵的圭臬。 说来也奇怪,我向往并报考厦门大学,始于爱国华侨陈嘉庚、大师陈景润……爱上厦门大学,却是源于她的辅导员——一个在读大学之前从来没有听说过的群体。

一、见面

多年以后,在回望的眸中,我依然难以忘怀第一次见辅导员的那一幕,像童话般美丽而温暖。

2003 年秋季的某一个下午,厦门大学漳州校区囊萤园区门口,来来往往的同学们有说有笑。

"许……老师……好。"我"碰"到了园区的辅导员许美霞,怯怯地喊了一声,可能因为太过紧张,也可能因为有难言之隐,我欲言又止,额头渗出细密的汗珠。

"哈,小揭,你找我有事呀?"许老师笑靥如花。

我来回地在胸前来搓动着双手,窘迫得不知道如何回答。 那漫长的一瞬间,我感到从我身边走过的每个同学的目光都聚焦着我,每个聊天的话题都讨论着我,我仿佛一个十恶不赦的"恶棍",在恶行暴露之后被扒光了蔽体的衣物在众目睽睽之下游街。

"来,到我办公室坐一会儿吧。"许老师穿着一件薄薄的淡绿碎花衬衣，衬衣前纯色的领结洁白无瑕，在阳光下释放着别样的青春气息，显得大气而优雅。她毫无防备地带着我返回她的办公室，仿佛全然没有注意到我的窘迫，没有意识到这其实是埋伏已久的"阴谋"。我甩落一背的目光，惊慌失措地迈出步子紧跟。身后，我仿佛听见横亘在师生之间的一堵冰墙轰然坍塌，原来师生间的第一次见面并不一定惊心动魄。

⋯⋯⋯⋯⋯

从办公室出来之后，我揣着许老师给我的 200 元钱，如释重负：接下来的生活费终于有着落了，等上海的顾先生（一位素昧平生的热心人，他联系我的高中班主任，决定资助我初入大学的学费）的资助到来，我要第一时间还她。

走出囊萤园区的门口已是傍晚时分。太平洋西岸咸湿的海风越过水墨色的防护林，越过漳州校区笨拙的铁门，越过我窘迫的青春，向大径小村的荒坡上跑去。荒坡上躺着大大小小的巨石，那些巨石粗犷、幽暗，仿佛史前动物留下的巨大的卵。

二、冬天

漳州校区位于大径小村，远离都市，缺少文化的积淀，甚至连座像样的图书馆都没有。作为漳州校区首批学生，我们上没有学长学姐，下没有学弟学妹，中间难见老师（专业课老师上完课就得赶车赶船回厦门，鲜少有机会交流）。可谓上不挨天，下不着地，我们自嘲原来是读了一个高四、高五——当时的漳州校区怎么看都不像一所大学。

与许老师见面以后，我才开始意识到大学的辅导员有点类似高中的班主任，她会像老师一样在乎你的学业，像父母一样关心你的冷暖，像朋友一样倾听你的声音。记得有一回,我穿着一件单薄的秋衣走在深冬的园区里思考人生,许老师看见了我。

"你穿这么少,冷不冷啊?"言语之中有些责怪,也有些心疼。

"不冷不冷,习惯了。"我故意挺了挺身,显得身体结实、耐寒。

"明天我给你带点衣服,只穿过一回两回,你不会介意吧?"许老师知道我几乎从来没有穿过新衣服、新裤子,所以看似在问,其实是像一个姐姐对弟弟一样有着不容置疑的权威。

…………

许老师不时送我一些衣服。那些衣服都很时髦,其中还有一件天蓝色的牛仔夹克,天哪,那是做梦都没有想过的牛仔夹克!她总是告诉我那是她未婚夫穿过的,因为太多而闲置,所以给我。虽然所有的衣服都已经撕了吊牌,但是有的衣服连些微的汗痕都没有,有的裤子有明显的骑缝线,怎么看都不像是穿过的。

"许老师,这个裤子骑缝线都还在,真的是穿过的吗?"我有些起疑,不想辅导员为我破费。

"哦,我未婚夫买的时候没有注意,买回来之后发现尺寸太小,考虑到钱也不多,退货也麻烦,就懒得退了。"许老师若无其事。那时的我完全没有意识到许老师是多么小心翼翼地呵护着一个贫困学子的自尊心。那些旧的衣服实际上都很新,而新的衣服完全是特意新买而非退货麻烦,新旧衣服夹杂,就不会让学生有心理负担,多么心细的辅导员!

于是我终于和同学一样有了与年龄相符的衣服,可以穿得像一个大学生,可以随着时令的变迁而增减衣服。

我就这样穿着辅导员送我的衣服,度过了大学里的第一个冬天。在那个海风肆虐的冬天里,我仿佛触摸到了一所大学的温度,开始觉得漳州校区像一所大学，至少有一所大学的轮廓。

三、成长

> "你当像鸟飞往你的山。"——塔拉·韦斯特弗

大一下学期，漳州校区的校园里处处贴满了励志的征兵海报，上面写着"怀报国之志，铸军旅辉煌""一人参军，全家光荣"……

"老师，我打算去参军。"我向辅导员道出了我的想法。

"你想好了吗？"许老师看着我。

"嗯。"我毫不犹豫。

"当兵很苦，你受得了吗？"

"我是农村出来的，不怕吃苦。"我斩钉截铁。

后来我就去了部队，是野战部队。以前听说部队是个大熔炉，我想当然以为再苦也不过是皮肉之苦，一定扛得住。后来去了部队才明白大熔炉的真正含义：不管你是什么鸟，到了部队都要把你锻造成凤凰，涅槃再生。与其他战友不同的是，我要经常经受战友有意无意的诘问："你一定是被厦门大学处分了，不然怎么会来当兵？"

于是我给辅导员写信，诉说在部队的种种见闻以及委屈。

"关于部队，我相信正如当初所说，你一定可以成长为优秀士兵……"许老师每次回信都充满真诚的鼓励。每每看到落款处她隽秀俊美的签名，我就仿佛有无穷的力量不抛弃不放弃，仿佛自己从来没有离开过大学。

…………

"在座有的女同学曾经嘤嘤地哭过……男同学大声地吼过……更多的人是不哭也不吼，但内心都有一股怨气，仿佛是被骗到了这所著名的厦门大学！"四年以后，当漳州校区首批学生毕业的时候，朱崇实校长的毕业典礼致辞中充满了忐忑与不安。然而，2003级本科生中，一个叫费菲的女生被世界最顶尖的哈佛大学肯尼迪政府学院录取，而我从野战部队历练两年后再返回厦门大学，胸中已然"侠之大者，为国为民"。2003级那些不哭也不吼，甚至哭过和吼过的本科生，就像广袤大地上无数奔腾不息的河流，有的直接汇入大江大河奔流到海不复回，有的却要在青春的某处先沉入地下，然后在青春的他处重新冒头——所有的河流终将殊途同归，抵达自己的大海。

从部队以优秀士兵身份回来的时候，曾经那个木讷、彷徨的少年成长为胸怀家国的青年，我终于可以理直气壮去向许老师报到。而回到厦门大学后，我有了清晰的人生目标：做一个像许老师一样的辅导员。

后　记

一所大学就如一座殿堂，有的大而无界，有的小而有边，有的绵延百年，有的昙花一现……每一所大学，半是欧几里得几何学，半是弗洛伊德心理学。是几何，就有体积，就有深度、宽度与高度；是心理，就有感知，可知冷暖、寒热，亦即温度。深度、宽度、高度、温度共同构成一所大学"四个维度"，亦即我眼中的"大学四度"。辅导员群体，是大学温度最直接的体现。

作者简介：揭上锋，男，中共党员。2003年考入厦大，2004—2006年携笔从戎到中国人民解放军某野战部队服役，2011年7月起至今从事辅导员工作。现任厦门大学管理学院团委副书记、辅导员。连续多年被聘为厦门大学南强创业实践先锋班班主任，担任"中国近现代史纲要""形势与政策"授课教师。曾获评全国创新创业教育先进工作者、第五届中国"互联网＋"大学生创新创业大赛优秀指导老师、福建省"最美高校辅导员"、厦门大学优秀辅导员等荣誉称号。

心中有阳光，脚下有力量
——记我的三位辅导员

◎ 张　晴

　　王洁松，男，中共党员。多年担任一线辅导员、团委书记。现任厦门大学嘉庚学院党委副书记、厦门市高校辅导员协会副会长等职。2010年至2011年，在共青团福建省委学校部挂职工作。2013年至2014年，在教育部思想政治工作司借调工作。曾任厦门大学学生工作部副部长、厦门市高校辅导员协会秘书长。曾赴美国马里兰大学、英国纽卡斯尔大学研修，访问新加坡、马来西亚，以及中国台湾、香港等地的多所高校。2019年入选福建省思想政治工作中青年骨干项目（全省仅10人）。

王洁松

　　黄明伟，男，中共党员。现任厦门大学继续教育学院党总支副书记。1996年毕业留校，任工学院飞机维修工程专业辅导员。1999年任艺术教育学院团委副书记，2003年任漳州校区学生工作站分团委书记，2005年任学生工作站主任，2008年任建筑与土木工程学院党委副书记，2018年到继续教育学院工作至今。

黄明伟

崔旭，女，中共党员。现任厦门大学艺术学院音乐系作曲理论教研室教师。2003年至2007年任厦门大学漳州校区学生工作站辅导员。长期从事音乐史学、音乐教育以及音乐人类学方向的教学、研究工作。发表论文《析"学在官府"的西周音乐教育》《论春秋战国时期的音乐教育》等。曾参与国家社科基金重大项目"中国非物质文化遗产体系探索研究"。2015—2016年作为国家公派访问学者，访问纽约大学Steinhardt学院。多次获得院级、校级奖教金及优秀共产党员称号，2018年获评厦门大学"我最喜爱的十位老师"。

崔　旭

转眼已在厦门大学工作十余载，无论在哪个单位，都经历着与同学们相处的点点滴滴。本以为自己的求学经历已几乎淡忘，不承想，当静下心来回忆时，一股股思绪不由自主涌上心头。那些经历，弥足珍贵，受益终身。这一切，都因为那一个个"闪亮的名字"：辅导员。

2003年，在顺利完成高考三个月后，我踏上了厦门大学漳州校区的热土，揭开了人生第一次离家求学生涯的序幕。大学，对当时的我来说，一切都那么新奇。感谢时代给予了我们校区拓荒者的身份，让我们能在自己的地盘自己做主。记得提着行李第一次迈进博学园区大门的那一刻，第一时间迎接我的是园区辅导员王洁松老师。他把我带到注册点，发放校园卡、宿舍钥匙等物资，耐心交代各类注意事项。他让我知道，从那一刻开始，要学会面对校园生活，开始学会独立。当时我的想法很简单，要改变高中前相对单调的节奏，除认真完成学业外，勇敢地做一些尝试。园区团委书记、辅导员黄明伟老师告诉我，学生会是很好的锻炼平台，于是懵懵懂懂中，我报名参加漳州校区第一届学生会竞选，不承想一踏出这一步，就是整个大学，甚至整个生涯。

不想当将军的士兵不是好士兵，我第一志愿报名了主席团竞选。第二志愿是文娱部部长，原因很简单：喜欢主持、唱歌。辅导员崔旭老师对我的志愿选择进行了指导，让我树立了在学生会接受锻炼和成长的信念和决心。最终，我被选为文娱部部长，副部长是两位女生，一位美声专业学生，另一位有着钢琴九级的文艺特长。这看似合理的配置，却给了我很大压力和挑战，如何仅凭兴趣爱好和热情，来带领这样两位拥有"专业"水准的副部长开展工作，伴随的是各种质疑的声音。工作起步果然很难，刚启用的漳州校区，军训教官欢送晚会、迎新晚会、十大歌手赛等文艺活动接踵而至，任务艰巨。对我来说，不仅要稳住队伍，还得应对各类繁重的工作事项，以及当时学生艺术团的专业"竞争"，局势可谓"内忧外患"。值得庆幸的是，凭借辅导员崔旭、王洁松、黄明伟等老师对我的关心和鼓励，以及自身的勤奋、钻研和探索，我成功克服了以上难题。崔旭老师的原话至今让我记忆犹新，"虽然道路可能是曲折的，但无论如何，你要学会如何带领一个团队，如何完成一项工作。更重要的是，你培养了自己主动沟通和协调的意识和能力。而所有这一切，是没有这种经历的同学无法掌握的"。

步入大二，再次面临经历过的工作时，我的步调更加从容，心态也更加平稳了。那一年，校区学生会骨干来到思明校本部向校学生会学长学姐学习取经，本以为对工作已轻车熟路、得心应手的自己，在他们娴熟自如的阐述中完全败下阵来。他们的自信和视野，给我留下了深刻的印象。交流后，辅导员魏龙华老师对我给予了鼓励，帮助那时的我克服倦怠和担忧，使我坚定了回到校本部继续参加学生工作，锻炼和提升自我的决心。

转眼到了大三，回到思明校本部，我们处在最低年级，自然是校学生会的一名普通工作者。部长当惯了，突然变成部员，我着实适应了一段时间，当时学生会学长学姐们处于大四阶段，忙于实习、找工作，给了我们充分的发挥空间。但事情真要经历过，方能体验各种不易。面临全新的环境，虽然是相似的工作，却有着各种变数和意想不到的困难。大三的同学们回到本部，有了更多选择，工作热情不比大一。十大歌手赛有着传统积淀，火爆程度远超漳州校区，举办压力可见一斑。还记得决赛晚会那天傍晚，当辅导员吴琳琳老师来参加活动，出现在建南大会堂时，我很长一段时间积蓄的压力和情绪瞬间释放，热泪夺眶而出。男儿有泪不轻弹，不过那些泪，在辅导员老师面前，是那么真挚，那些泪，是成长的印迹。

经过三年的锻炼，我进入了校学生会主席团工作，担任副主席，分管文娱和宣传工作，后因主席外出实习，又担任了执行主席。大四的那年，对自身而言，事务性工作大幅减少，但我深深感受到把组织扛在肩上的压力与责任。三年来积累的经验和能力，让这一年的我显得相对从容淡定，沟通、协调与组织能力在更高平台上得以锻炼和提升。当时我又意识到，自己的成长离不开学院辅导员老师一路的关心、指导、支持和鼓励，我跟吴琳琳老师说，我想同时回到学院担任一名团支部书记，为同学们服务、为辅导员分忧。

回顾大学的四年，学生工作几乎是我学业外的全部。我付出了无数时间和精力，挥洒了心血和汗水。四年能坚持专注于一件事，着实不易，需要坚持的信仰与力量。应该说，在其他方面也留下过一些缺憾。然而我并不后悔，毕竟有得必有失，这是自己内心坚定的选择。除了奉献，我在其中收获了其他同学所不曾拥有的成长和提高。基于上述基础，我选择应聘成为一名厦大工作者，逐步实现从学生骨干到老师的过渡和转型。

2019年，感谢组织的培养和信任，我来到厦门大学航空航天学院担任党委副书记，首次获得辅导员身份。我始终把对学生的政治引领和价值引领摆在首位，力争把工作做进他们内心，把仁爱写进他们心里，增强自身立德树人的工作能力和水平，努力成为同学们成长的主心骨和知心人，让思想政治教育"触手可及""润物无声"，为构建学院"五育并举""三全育人"格局穿针引线，贡献智慧和力量。

我从自身的经历和视角观察同学们，发现当今社会日新月异的发展为他们提供了更多选择，同学们的目光变得发散，不再轻易聚焦，选择担任学生骨干的学生比例有所减小。部分同学把学生工作当成一种经历，而非一项事业。这种选择无可厚非，毕竟人各有志。但我以过来人的身份，像当年自己的辅导员老师那样，告诉我的学生，学生工作更多是培养一种思维和意识，一种习惯与责任，一种态度与精神，让自己提前经历职业化工作，在初登职场时具备基础能力，不再不知所措，比其他同学更快地适应职场，赢在起跑线。厦门大学邹振东教授说过，在大学，100个人中，99个人都是抬头看天空的。难得有1个人低头看地下，这个人就是出类拔萃的。而当学生干部就能成为脚踏实地、出类拔萃的人。

心中有阳光，脚下有力量。身为辅导员，我们拥有无悔青春，我们选择风雨兼程，我们在奉献中成长。

作者简介：张晴，2007年本科毕业于厦门大学新闻传播系，2018年硕士毕业于厦门大学旅游与酒店管理系，曾赴英国纽卡斯尔大学研修。2007年至2022年先后担任厦门大学团委科员、秘书、电子科学与技术学院（国家示范性微电子学院）办公室主任、航空航天学院党委副书记，现任厦门大学电影学院党委副书记。曾获第四届中国"互联网＋"大学生创新创业大赛筹办工作贡献奖、厦门大学本科生科创竞赛指导教师突出贡献奖，以及全国高等学校创业教育工作先进个人、全国大学生志愿者暑期"三下乡"社会实践活动优秀个人、全国青少年高校科学营先进个人、中国国际"互联网＋"大学生创新创业大赛优秀创新创业导师等称号。

"柳哥"
——记我的辅导员陈向柳老师

◎ 陈淑铌

◎ 人物名片：

陈向柳，男，中共党员。现任厦门大学国际学院副院长。曾任数学科学学院辅导员、团委副书记、团委书记，厦门大学国际学院党委副书记。曾借调至教育部高教司工作。曾获第十届全国高校辅导员年度人物入围奖，第四届中国"互联网＋"大学生创新创业大赛筹办工作贡献奖，以及福建省优秀辅导员、优秀共青团干部、优秀思政工作者、暑期社会实践先进工作者，厦门大学优秀辅导员（3次）、优秀共青团干部（2次）、优秀党务工作者、抗疫工作优秀共产党员等荣誉称号。

陈向柳

"送你一朵小红花"

2008年酷热的中秋节，伴着整个厦门岛"丁零当啷"的博饼声，大部分第一天上大学的同学都是这样走进校园：两三口人、七八只箱，脖子上能挂的、胳膊上能扛的，一寸空间都不能浪费。

带着对最美大学校园的憧憬，下了飞机转大巴，大巴下来再坐船，轮船靠岸又上车一顿操作猛如虎，一个"江浙沪包邮区"的人类高质量考生漂洋过海居然来到一个左边荒山右边野草的"新世界"。折腾到漳州校区门口下车的那一瞬，一股热浪迎面而来，如同一道"夺魂咒"，把我对厦大的幻想吸个一干二净。

但是很快，满厦园"自强！ 自强！ 学海何洋洋！"的校歌声唤醒了我的脑神经。镜片上的雾气散去，仔细环顾校园：学校里面倒是不错，学长们特别热情，一手一个箱子就领着我们去了注册点。

注册点的学姐们又好看又能干，还有一个黑瘦的"学长"（辅导员陈向柳老师）坐在帐篷里"指手画脚"：早知道这个人要管我们四年的话，我应该会努力地让第一次见面更加美好一点。

马上迎来第一次新生入学教育：熟悉校园。农历八月的漳州，热情似火。黑瘦"学长"带着我们边走边聊，才知道他是一名刚从旅游专业毕业一年的辅导员老师——带逛校园果然专业。看着学校里到处都是很美的花，我想考验一下老师的专业水平，随便指着路边的花花草草问：老师，这叫什么花？

老师捡起树丛里掉落的一朵，认真端详后，递给我：这是一朵小红花。

这朵小红花,让无比艰苦的数学学生生涯开始变得有趣、生动、热烈。

江湖人称"柳哥"

读书的时候,所有的同学都爱叫陈向柳老师为"柳哥",就像现在我的学生,有事没事都爱喊我一声"铌姐""淑铌姐"。

教育部第43号令中提出,辅导员应当努力成为学生成长成才的人生导师和健康生活的知心朋友。说得土一点,就是既当爹又当妈,既是老师又是哥哥姐姐。

在漳州校区时,班群热搜榜单第一话题一定是"今天在超市看到柳哥和一个女老师在买东西,那是不是他女朋友啊?""我看到柳哥骑自行车,后面坐了一个美女!"大家关心柳哥,因为他就是我们在大学里的老大哥。

大二时候竞选班委,我填了团支书的志愿,作为团支书唯一的候选人,顺利当选。第一次开工作会,评定家庭经济困难生。柳哥说:"你们都没有真正地穷过,体会不到这些家庭的同学有多不容易。这些同学能考出来,进入大学校园就是一件极其不易的事了,我们在任何时候都要最先考虑这些同学的感受。大家是学生干部,要多和同学们去串寝室、聊天,看看是不是还有确实很困难又不好意思交困难生申请表的,我们一个都不要落下。"

这种厚爱,贯穿着柳哥育人的始终。数学专业学习压力大,学生的心理问题尤为突出。从漳州校区开始,柳哥就每天中午和同学们在食堂一起吃饭,了解大家的学习生活日常。到思明校区,他还一直保持这个习惯。在一些大活动后，他还经常自掏腰包给我们这些学生干部改善伙食。后来的故事，大家都知道了：厦门大学那个叫陈向柳的辅导员，吃饭"吃"上了《光明日报》（2011年8月7日03版《厦大："心语计划"巧解学生心结》）。

与其说这是几年如一日的坚持，我更愿意称之为"习惯"，一种厚爱学生的习惯。习惯是不需要去刻意坚持的，随时随地关心学生，已经成为柳哥生命中最自然的事情。

同样地，叫上一声"柳哥"也成了我们的习惯。在学生碰到任何问题的时候，只要喊出"柳哥"这两个字，听到从电脑显示器背后传出一声应答，便安心了。

"有人被辅导员骂过吗"

按照本文的逻辑结构，写完"厚爱"，接下来应该写写"严管"。但是想了好几天都没想起来自己什么时候被柳哥批评过。在同学们当中征集一圈，特别询问了当时几个"造反分子"，大家一致的反应是：没印象了。

WHY？！为何会如此健忘？！我又认真想了想，大概是出于两个原因：一方面是柳哥的批评方式一般不会让学生感觉受到伤害，另一方面就是，柳哥确实说得对！

现在自己带学生，刚工作的头几年是不舍得骂学生，生怕学生被自己骂出心理问题，更恨不得给他们装上金钟罩，好好保护起来；现在渐渐明白，学生要舍得骂。现在自己不骂，以后就得轮到别人骂，骂的时候还得带上"你哪个学校毕业的？""你辅导员是谁？"。

于是，我们又回归到教育部文件中说的辅导员是学生的"人生导师"，文绉绉地说文解字一下，就是领着大学生，把"大"字写好，成为一个真正的"大人"。当他们走出大学校门，走上人生道路的时候，可以挺起腰板硬气地说：我是厦大的！

"你好，我是辅导员陈淑铌"

运气不错，选择了厦大，更加感恩，遇见了这么一位辅导员。

整整十一年的朝夕相处：2008 年到 2012 年，四年本科辅导员；2012 年到 2015 年，三年研究生辅导员；2015 年到 2019 年，四年辅导员同事。

柳哥不仅做了我七年的学生辅导员，还附赠"售后服务"，把我专职辅导员的职业指导也一并带了。

辅导员在传承中，到底传递了什么，我说不清楚，但脑海中的第一反应是舒婷《致橡树》中的几句："……我必须是你近旁的一株木棉，作为树的形象和你站在一起。……你有你的铜枝铁干，……我有我红硕的花朵，……不仅爱你伟岸的身躯，也爱你坚持的位置，足下的土地。"我愿意始终坚守在这块土地上。

作者简介：陈淑铌，女，厦门大学数学科学学院团委副书记、辅导员。2015 年毕业于厦门大学数学科学学院。曾获评福建省暑期社会实践先进工作者，厦门大学优秀辅导员（2 次），优秀党务工作者，五四红旗优秀共青团干部，军训、志愿服务、社会实践、网络文化等学生专项工作先进个人等荣誉称号，获得福建省"向上向善育人工程基金"奖教金、电信天翼奖教金，在厦门大学各项急难险重工作中表现出色。

人生路　导员筑
——记我的辅导员曹璐老师

◎ 王　坤

◎ **人物名片：**

曹璐，女，中共党员。现任厦门大学数学科学学院党务秘书。2004年来校工作，曾担任10年学生辅导员，先后带过化工、材料、公共管理、政治学、美术专业的学生。其间曾获得厦门市优秀辅导员，厦门大学优秀共青团干部、优秀共产党员、优秀党务工作者等荣誉，并曾在辅导员考核中获得优秀评价。她是第六十六期教育部高校骨干辅导员培训班学员，福建省高校骨干团干培训班首期学员。

曹　璐

我真正开始认识世界的时候，是在大学。我开始读懂生命的时候，是遇见我当时的辅导员，曹璐老师。我上大学那会儿，互联网还没有这么发达，对于山东省以外的世界，我所知甚少。往后的人生路要怎么走，我更是毫无头绪。我心里只是有个简单的概念，考上了大学真好，奋力拼搏十几年终于没白费，似乎已经功成名就，可以扬眉吐气，让父母放心了。然而后来我才知道，上大学只是开始。

第一次年级大会，曹璐老师就打破了我以为上大学后可以放飞自我的幻想。时隔多年，那次大会的其他叮嘱我已经非常模糊了，然而她对于学业的强调，我仍记忆犹新。她强调了三个方面，对于专业课，学习目标要明确，要找准自己的定位，摆正心态，不骄不躁；对于公共课，要认识到其实用价值，在学习过程中不断探索，不能为了学习而学习；对于选修课，要端正态度，利用其不断开阔视野，挖掘兴趣，丰富自己看待世界和他人的角度和方式，杜绝捞取学分行为。

这次大会对我来说是一次警醒和鼓励。我似一只南飞的孤雁，前路漫漫，不论晴雨，但我仍然坚信，在前面等着我的是温暖的新世界。我放开手脚，在学院里十分活跃，对什么事都干劲十足。

2010年6月，我担任了学院学生会主要学生干部，在自我肯定的同时，我又陷入了迷茫。那时候我们学院从漳州校区搬回本部，很多工作要从头开始。陌生的环境让我有些无所适从，但是当我看到曹璐老师坚定的眼神时，我又充满了信心。她让我觉得，不管我遇到什么样的困难，她都会给我无私的帮助，助我渡过难关。记得首届艺术文化周活动的时候，因为是第一次举办涵盖晚会、音乐交流会、展览的大型活动，我们经验缺乏，曹璐老师从活动策划、人员协调组织、活动执行等与我们共同面对，最终活动圆满结束。在之后设计摄影比赛、和谐节能校园活动等院级大型活动的过程中，曹璐老师全程参与，与我们一起克服挑战，提高了学生会成员个人的战斗力，也增强了团队的凝聚力。

一个人的坚持和奋斗是孤独的。在做学生工作中，我遇到了很多志同道合的朋友，他们都有一个共同的身份——中共党员。渐渐地，我也萌生了加入党组织的念头，我兴冲冲地告诉曹璐老师我想入党。曹璐老师问我为什么想入党，我不好意思说是因为优秀的朋友们都入了党，就胡乱说了一气，曹璐老师让我仔细想想。我开始正视入党这件严肃的事情，而曹璐老师也不断启发我，鼓励我。渐渐地，我终于意识到，为同学们服务这件事本身让我非常快乐，有能力帮助到别人是一种莫大的幸福。而这，与中国共产党的宗旨"为人民服务"不谋而合。2011年12月，我终于成为一名共产党员。

2012年7月，我坐上了前往宁夏海原支教的火车。宁夏海原条件十分艰苦，原本我也有些犹豫不定，不知道自己是不是能吃这份苦。但曹璐老师鼓励我去，她相信我能克服困难。她说走到祖国母亲怀抱深处，去体会人间百态，在那片土地播种希望，会结出幸福的果实。听了她的一番话，我下定了决心。进西北，奔赴陌生的土地，比起四年前南下时的紧张忐忑，这次的我有了目标，多了沉着，满怀热情和爱。我不知道我在那些孩子们心中有没有种下希望，但是他们确实在我的心中留下了一颗种子，那颗种子叫梦想。我的辅导员梦就是在这里种下的。

支教回校后，我坚持做了三年兼职辅导员，在研究生毕业后，终于成为一名正式辅导员。而曹璐老师，继我生命中的领路人后，又成了我职业道路上的前辈和榜样。2017年，曹璐老师突然联系我询问学生档案的事情。一位已经毕业的学生向曹璐老师求助，我恰好是那届学生的兼职辅导员。学生虽然已经毕业了，但曹璐老师还依然心系学生，为同学们做好服务和保障。这给了我很大启发。一日为师，终身为师。作为辅导员的责任不止四年，在任何时候，学生需要帮助，辅导员都要为他们排忧解难。

师者，所以传道授业解惑也。在大学这个人生的转折路口，学生的人生观价值观尚未塑造完成，大学四年需要不断摸索、不断前进。而辅导员就是可以带领学生踏过荆棘的领路人。在我看来，一个称职的辅导员，不仅要育人，更要会关爱学生。这一点在我的辅导员身上得到了完美的诠释。在我心目中，曹璐老师是一个称职的老师，是一个贴心的朋友，是一个只要想到她就会觉得很温暖的人；是一个不仅关心学生学习，也关心学生生活及心理状况的辅导员；是一个对大多数学生都了解甚深、关心有加的辅导员；是一个在不断努力学习和进步中的辅导员；是一个会为学生的成功而喜悦，为学生的失败而遗憾的辅导员；是一个总是把学生放在第一位的辅导员；是一个即使半夜有事找她也会细心为我们解答的辅导员；是一个以保证学生利益最大化为导向和目标的辅导员；是一个永远拥有着年轻活力的辅导员；是一个随时保持着微笑的辅导员。我心目中的曹璐老师，像老师，更像朋友！

"长大后，我就成了你。"在还未成为辅导员前，我以为每一位学生在辅导员心中都是平凡的，因为辅导员带过太多学生了。但当我成为一名辅导员，我才明白，虽然平凡，但爱是沉甸甸的。也许等我老了，记不清人了，但当有人告诉我，我是他的辅导员的时候，感动和爱仍然会唤醒我。想着有人同样以这样的心情爱着我，我就觉得生命可爱，未来可期。

作者简介：王坤，男，中共党员。现任厦门大学管理学院团委副书记、辅导员。曾任厦门大学航空航天学院辅导员。曾获中国"互联网＋"大学生创新创业大赛筹办工作先进个人，福建省社会实践优秀带队教师，厦门大学优秀辅导员、优秀共青团干部等荣誉，主持多项省市级课题，其中"高校精细化管理实践之'午餐计划'"获福建省高校思想政治工作精品项目。

暖男"磊哥"
——记我的辅导员蔡振磊老师

◎ 徐 磊

◎ 人物名片：

蔡振磊，男，中共党员。2012年入职厦门大学人文学院任辅导员。现任厦门大学哲学系团委书记。国家二级职业指导师。是学生口中的"磊哥"、心中的"暖男"。曾获评厦门大学优秀辅导员等荣誉称号。

蔡振磊

日月不淹，四载自强求至善。春秋代序，平生吾爱充无疆。

扶花穿叶之间，四年的大学生涯已经成为回忆。仍记得大一来报到时，还未入厦大校门，便已觉黉宇森森，学风蔚然。那时的我憧憬着，憧憬着自己变成一个真正的厦大人。转眼间四年已过，我也在凤凰花的"注视"下挥别了厦大。现在的我骄傲着，骄傲着自己是一名合格的厦大学子。这四年来，厦大的四种精神深深地影响了我，我给来往的友人讲了无数遍；"自强不息，止于至善"的校训也深深地刻在了我的心中；"鹭江深且长，充吾爱于无疆"的校歌也一遍遍在我心中回响……厦大的很多地方也都留下了我无数美好青春的印记，虽然已经离开了母校，但是我知道，厦大依然是我的家。同时，于我而言，这个家里也永远都有一个人，他在期盼着、等待着我们这群毕业生能够常回去看看。那个人，就是我的辅导员——人文学院辅导员蔡振磊老师。

求学十几年，我遇到过很多位优秀的老师。但对我影响最大的，还是蔡老师。我们是他带的第二届学生，他喜欢我们叫他——磊哥！

前不久，磊哥给我发微信，把我入学报到时在学院拍的照片发给了我，同时还发了一大段文字，肯定我做过的一些工作，并且嘱咐我在新的单位要继续努力，有机会多回母校看看。我感激磊哥的惦念，抱着手机，心里久久不能平静……那张照片，记载了我大学生涯的起点，而磊哥，也见证了我以及人文学院2015级200多名学子四年来的成长。看着照片，看着和磊哥的对话框，这四年来和磊哥交往的点点滴滴一一浮现在了我的眼前……

我来自一个国家级贫困县。磊哥对像我这样来自贫困地区、家庭困难的学生总是私下给予各种各样的帮助。他鼓励我们要自强，要争气，要不断努力。他给予我们一切力所能及的帮助。我依然清晰地记得，逢年过节，磊哥都会给我发一个红包，嘱咐我多加个菜；看到我的笔很久没换的时候，他会把他自己的钢笔拿给我用；在我手机坏了、没钱买新手机的时候，磊哥也毫不犹豫地把自己的闲置手机拿给我应急。我还记得，他私底下资助一位与我们同级的少数民族同学。那位同学没钱买电脑，磊哥就把自己的旧电脑拿给了那个同学用；那位同学生活费余额不足的时候，磊哥还会及时拿钱给他应急。有一年，这位同学春节没回家，磊哥还专门从家里开车过来，带着他去外面吃了饭。不仅如此，磊哥还积极帮他联系学校的勤工助学岗位，让这位同学能够在学校挣一些生活费，让他感受到大学的温暖。当然，我知道，磊哥肯定还"润物细无声"地在帮助着很多同学，但他从来都没提过，没有跟别人说过他为我们做了什么，可我们每个人心里都知道，他对学生的这种爱照亮了我们前行的路。其实，磊哥自己也不富裕，他刚在厦门买了房，每个月还着巨额房贷，日子也是过得紧巴巴的。但就是这样，他还是会无私地给我们提供包括金钱在内的各种各样的帮助。

除了生活上给我们帮助以外，磊哥在学习和做人上也教会了我们很多。在大学，辅导员不负责具体教学工作，但磊哥还是会在学习上给我们很多有用的建议。厦大毕业的他是个名副其实的学霸。他经常会告诉我们应该多去图书馆，应该读哪些书。我们选课时，他也会根据我们的兴趣为我们推荐适合的老师。我们选专业时，磊哥是很累的。所有的同学都或多或少地存在着疑惑，这个时候磊哥总会出现，他会很认真地提前做好选专业统计，并且咨询自己的同事、同学、学生相关专业的更多情况。每当有同学找他咨询的时候，他总是很耐心地回答。即使没去找他，他也会在各种场合主动询问我们。有一次我去办公室交材料，就被磊哥问到专业的选择情况，最后磊哥根据我个人的情况给了我一些建议，使得我坚定地选择了汉语言文学专业。可以说，磊哥虽然没有教授我们具体的课程，但是他在课程上对我们的关心并不比任课教师少。为人处事方面，磊哥也身体力行为地为我们做着榜样。有一次，我们支教团队在朋友圈组织一个小型的捐款，收到的第一笔捐款就来自磊哥。生活中类似的事情磊哥做了很多。在人文学院，一直都流传着他曾经在街上抓过抢劫犯的英勇事迹，但每次谈话间提及这件事，磊哥总是轻描淡写地说："这是我应该做的。"人文学子习惯把"横渠四句"奉为圭臬，即"为天地立心，为生民立命，为往圣继绝学，为万世开太平"，而我们的辅导员磊哥，就是在身体力行地践行着这几句箴言。

入学的时候，磊哥说："你们的磊哥，24小时在线。"磊哥这样说了，他也这样做了！我担任年级的党支部书记，和磊哥有很多交流的机会。我深深知道，即使在深夜或者是节假日的非工作时间，只要收到我们的求助，磊哥都会第一时间回复我们。

毕业前夕，磊哥说："你们将来会从事不同的职业，但不管做什么，希望你们都要保持正义感，做一个对社会有用的人。另外，只要你们的磊哥还在厦大，这里永远是你们的家！"

临近毕业那几日，我的内心并无太大波动，只是觉得这一程结束而已，无须伤春悲秋，潇洒离去即可。可是之后，我却在无数次的午夜，梦回厦大。我突然意识到，我的四年厦大生涯，就真的结束了。读的书似乎还没来得及把肚里的"蠹虫"喂饱，就背上了离开的行囊。但我知道，厦大永远是我的家，家里也永远有一个等我们回去的家人，那就是我们的磊哥！

离开了大学，我到了新的单位，也成为一名老师，我也成为自己学生的"磊哥"。我想，我也要像蔡振磊老师一样，去关怀自己每一个学生，去告诉他们要有社会责任感，做一个对社会有用的人；在他们毕业的时候，我也将自豪地告诉他们："母校，是我的家，也永远是你们的家，常回家看看……"

作者简介：徐磊，2015—2019年就读于厦门大学人文学院中文系，现就职于深圳市宝安第一外国语学校高中部，他希望自己像辅导员蔡振磊老师一样，成为学生口中的"磊哥"，成为一个受学生爱戴的好老师！